풋볼마케팅

이론과 사례

풋볼마케팅: 이론과 사례

지은이   윤거일

발 행   2018년 2월 7일
펴낸이   한건희
펴낸곳   주식회사 부크크
출판사등록   2014.07.15.(제2014-16호)
주 소   경기도 부천시 원미구 춘의동 202 춘의테크노파크2단지 202동 1306호
전 화   1670-8316
이메일   info@bookk.co.kr

ISBN   979-11-272-3284-9

www.bookk.co.kr

풋볼마케팅: 이론과 사례

윤거일

BOOKK

차례

제3장 이벤트

제4장 프로모션

머리말

축구와 마케팅을 관찰하는 나의 태도는 가까운 곳에서 비롯되었다. 일상에서 경험하고 또 경기장에서 직접 보고 느낀 축구의 곁에는 늘 마케팅이 함께 하고 있었던 것이다. 어느 순간부터 축구 경기뿐 아니라 그 주변을 감싸고 있는 장식물이나 크고 작은 이벤트와 프로모션, 제품과 서비스를 유심히 관찰하게 됐다.

마케터의 본능이 작용한 까닭도 있겠지만 기발한 아이디어가 만들어낸 결과물에 혹한 적도 많다. 꼭 독특한 마케팅 아이디어가 아니라도 기본에 충실하며 차곡차곡 쌓아나가는 콘텐츠와 스토리텔링은 이따금씩 감탄을 자아내게 만들었다.

그동안 지켜봐온 국내·외 축구 관련 협회, 연맹, 구단, 이벤트의 마케팅 사례에 대한 나름의 생각을 마음껏 펼쳤으나 평가할 의도는 전혀 없었다. 모든 마케팅 아이디어와 프로그램에는 마케터의 고뇌와 노력이 담겨있기 때문이다.

다만 좋은 마케팅 사례는 더욱 알리고 약간의 아쉬움이 남는 사례는 보완하여 가치를 향상시킬 수 있는 방안을 고민하고자 애썼다. 또한, 그 과정에서 마케팅 이론을 풀어냄으로써 '풋볼마케팅'에 대한 이해를 더욱 쉽게 돕고자 했다.

여기서 풋볼마케팅이라 함은 '축구의 마케팅(marketing of football)'과 '축구를 통한 마케팅(marketing through football)'으로 나눠서 설명할 수 있다.

전자는 축구 협회, 연맹, 구단 등이 행하는 마케팅을 총칭한다. 오늘날 마케팅은 아마추어 축구팀이나 대회에서도 보편적으로 취하는 개념이다. 축구 경기나 대회를 널리 알려 많은 관중이 경기를 보게 만들어 입장료와 권위를 높이고 광고, 중계권, 상품 등의 판매 수익을 남기기 위해 활용하는 형태이다.

후자는 주로 일반 기업체가 비용을 들여 축구 단체, 구단, 경기, 선수 등을 활용하여 펼치는 마케팅 활동을 뜻한다. 구체적으로 스폰서십, 인도스먼트, 기업구단, 라이선싱과 머천다이징 등으로 나타나는데 그를 통해 기업은 보유 상품이나 브랜드의 이미지 제고, 판매량 증대, 재구매 등을 기대한다.

이러한 내용을 핵심 주제에 따라 구단, 단체, 이벤트, 프로모션의 장별로 분류하여 각 장마다 풋볼마케팅의 이론과 사례를 다양하게 접할 수 있도록 했다.

축구와 마케팅에 대한 깊은 관심으로 출발했지만 집필 후 살펴봤을 때 많은 곳에서 부족함이 느껴지는 책이다. 부디 독자에게 작은 영감이라도 줄 수 있길 바라는 마음이다. 세상의 모든 풋볼마케터에게 이 책을 바친다.

2018년 2월
저자 윤거일

제1장

구단

01.
새로운 시작을 알린
FIFA 클럽월드컵

2017년 12월 아랍에미리트연합 아부다비 자에드 스포츠 시티 스타디움에서 'FIFA 클럽월드컵(FIFA Club World Cup UAE 2017)'이 개최되었다. 축구팬에게는 한해를 마무리 짓는 즐거운 축구 축제나 다름없었다.

클럽월드컵은 대회명칭처럼 각 대륙의 최고 클럽이 한데 모여 왕중왕을 가린다. 14회째 열린 대회에서는 레알 마드리드(유럽), 그레미우(남미), 우라와 레즈(아시아), 위다드 카사블랑카(아프리카), 파추카(북중미카리브), 오클랜드 시티 FC(오세아니아)가 각 대륙의 챔피언 자격으로 참가했다. 여기에 개최국의 알 자지라 SC도 플레이오프를 거쳐 본선에 합류했다.

클럽월드컵은 기본적으로 토너먼트 형태를 취하고 있다. 단, 유럽과 남미 팀은 4강(준결승)에 자동 진출하며 나머지 팀이 1~2라운드에서 단판 승부로 4강에 오른다. 2007년부터 오세아니아 챔피언과 개최국 대표 구단이 오프닝 매치(1라운드)를 통해 준준결승 진출 팀을 정한다.

첫 번째 클럽월드컵은 2000년에 열렸다. 총 8팀이 참가했으며, 당시 공식적인 대회명칭은 'FIFA Club World Championship Brazil 2000'이었다. 개최국의 두 구단이 결승에서 만났으며 승부차기 끝에 브라질의 명문 SC 코린티안스가 우승했다. 한편, 클럽 네카사가 3위를, 레알 마드리드는 4위에 머물며 이변의 희생양이 되었다.

제2회 대회는 이듬해 스페인에서 예정되어 있었다. 12개 참가팀으로 대회의 규모가 대폭 확대될 계획이었으나 취소되고 말았다. 당시 FIFA의 마케팅 대행사였던 ISL(International Sports Culture & Leisure Marketing)이 파산하면서 대회 개최에 악영향을 미친 탓이다. 이후 2003년 들어 클럽월드컵을 재개하려는 움직임이 있었으나 역시 성공하지 못했다. 결국 FIFA는 도요타컵을 합병하여 클럽월드컵을 재개했다.

당시 후원사의 이름을 붙여 '도요타컵'이라고 부르던 '인터콘티넨탈컵(Intercontinental Cup)'은 1980년부터 매년 일본에서 유럽과 남미의 챔피언이 만나 최강자를 가린 대회였다. 사실 인터콘티넨탈컵의 원년은 1960년부터로 역사와 명성이 드높던 대회였다. 그럼에도 후원사인 도요타와 FIFA는 불필요한 경쟁보다 상호 이익이 되는 방향을 택했다. 그 덕분에 2005년 일본에서 제2회 FIFA 클럽월드컵이 개최될 수 있었다. 참고로 당시의 공식 대회명칭은 'FIFA Club World Championship Toyota Cup Japan 2005'으로 이듬해부터 지금의 명칭으로 변경되었다.

한동안 일본에서 지속되던 대회는 강력한 유치 의사를 표명한 아

랍에미리트가 2009~2010년 대회를 개최하였고, 2013~2014년에
는 모로코가 개최국이었다. 2015~2016년에는 다시 일본에서 FIFA
클럽월드컵이 열렸다. 대회 후원사가 도요타에서 중국의 알리바바로
바뀌긴 했지만 여전히 일본이 최다 개최 기록을 유지하고 있다.

클럽월드컵의 전체 상금은 1,650만 달러(약 199억 원)로 우승
500만 달러, 준우승 400만 달러, 3위 250만 달러, 4위 200만 달
러, 5위 150만 달러, 6위 100만 달러, 7위 50만 달러가 주어진다.
즉, 대회에 참가하는 것만으로도 거액의 상금을 받을 수 있는 구조
이다. 게다가 전 세계에 이름을 알릴 수 있는 기회인만큼 많은 구
단과 선수가 선망하는 대회이다.

역대 FIFA 클럽월드컵에서 가장 많은 우승(3회)을 차지한 팀은
FC바르셀로나와 레알 마드리드이다. FC바르셀로나의 우승에 기여
한 리오넬 메시는 골든볼을 2회 수상한 유일한 선수로 남아있다.
남미에서는 SC 코린티안스가 두 번의 우승을 차지하며 유럽 팀을
뒤쫓고 있다. 한편, 최다 참가팀은 오세아니아 챔피언 자격으로 출
전한 오클랜드 시티 FC로 2017년까지 총 9회나 참가했다.

역대 FIFA 클럽월드컵

횟수	개최 연도	개최국	우승	준우승	3위	4위	골든볼
1	2000	브라질	코린티안 스(브라질)	바스쿠 다 가마(브라 질)	네카사 (멕시코)	레알 마 드리드 (스페인)	에디우손 (브라질/ 코린티안 스)

횟수	개최연도	개최국	우승	준우승	3위	4위	골든볼
2	2005	일본	상파울루(브라질)	리버풀(잉글랜드)	데포르티보 사프리사(코스타리카)	알 이티하드(사우디아라비아)	호제리우 세니(브라질/상파울루)
3	2006	일본	SC 인터나시오날(브라질)	바르셀로나(스페인)	알 아흘리 SC(이집트)	클루브 아메리카(멕시코)	데쿠(포르투갈/바르셀로나)
4	2007	일본	AC 밀란(이탈리아)	보카 주니어스(아르헨티나)	우라와 레즈(일본)	에투알 스포르티브 뒤 사엘(튀니지)	카카(브라질/AC 밀란)
5	2008	일본	맨체스터 Utd.(잉글랜드)	LDU 키토(에콰도르)	감바 오사카(일본)	파추카(멕시코)	웨인 루니(잉글랜드/맨체스터 Utd.)
6	2009	UAE	바르셀로나(스페인)	에스투디안테스(아르헨티나)	포항스틸러스(한국)	아틀란테(멕시코)	리오넬 메시(아르헨티나/바르셀로나)
7	2010	UAE	인터 밀란(이탈리아)	TP 마젬베(콩고민주공화국)	인터나시오날(브라질)	성남일화(한국)	사무엘 에투(카메룬/인터 밀란)
8	2011	일본	바르셀로나(스페인)	산투스(브라질)	알 사드(카타르)	가시와 레이솔(일본)	리오넬 메시(아르헨티나/바르셀로나)

횟수	개최연도	개최국	우승	준우승	3위	4위	골든볼
9	2012	일본	코린티안스(브라질)	첼시(잉글랜드)	CF 몬테레이(멕시코)	알 아흘리 SC (이집트)	카시우(브라질/코린티안스)
10	2013	모로코	바이에른 뮌헨(독일)	라자 카사블랑카(모로코)	아틀레치쿠 미네이루(브라질)	광저우 헝다(중국)	프랭크 리베리(프랑스/바이에른 뮌헨)
11	2014	모로코	레알 마드리드(스페인)	CA 산로렌소(아르헨티나)	오클랜드 시티 FC(뉴질랜드)	크루스 아술(멕시코)	세르히오 라모스(스페인/레알 마드리드)
12	2015	일본	바르셀로나(스페인)	리버 플라테(아르헨티나)	산프레체 히로시마(일본)	광저우 에버그란데(중국)	루이스 수아레스(우루과이/바르셀로나)
13	2016	일본	레알 마드리드(스페인)	가시마 앤틀러스(일본)	아틀레티코 나시오날(콜롬비아)	클루브 아메리카(멕시코)	크리스티아누 호날두(포르투갈/레알 마드리드)
14	2017	UAE	레알 마드리드(스페인)	그레미우 FBPA(브라질)	파추카(멕시코)	알 자지라 SC(UAE)	루카 모드리치(크로아티아/레알 마드리드)

2016년 클럽월드컵의 경우 FIFA가 최초로 비디오 판독(VAR; Video Assistant Referee)을 도입하여 큰 화제를 모았다. 그 실효성에 대한 논란은 여전히 남아있지만 줄곧 보수적인 입장을 취해왔

던 FIFA가 변화의 움직임을 보인 것만으로도 특별한 의미가 있다. 또 지아니 인판티노 FIFA 회장이 클럽월드컵의 참가 팀을 2019년부터 32개 팀까지 확대하는 구상을 밝힘에 따라 여러 가지로 주목을 받았다.

2017년 대회에서 축구팬의 주된 관심사는 역시 '최종전에서 레알 마드리드를 상대할 팀이 누구인가?'였을 것이다. 대부분 피날레는 유럽과 남미 팀이 장식하는 경향이 강한데 특히 유럽 팀이 강세를 보여 왔기 때문이다. 레알 마드리드가 대회 최초로 2연패를 달성할지도 기대를 모았다. 무엇보다 지네딘 지단 감독에 크리스티아누 호날두를 비롯하여 슈퍼스타가 즐비한 '갈락티코(galactico)' 레알 마드리드 아니겠는가!

그에 도전할 팀이 궁금할 수밖에 없었다. 이따금씩 TP 마젬베나 라자 카사블랑카 같은 아프리카 팀이나 가시마 앤틀러스가 남미 클럽을 밀어내고 결승에 오르는 이변을 일으키기도 했다. 알 자지라의 선전이 눈에 띄었으나 결국 최종전은 큰 이변 없이 레알 마드리드와 그레미우가 맞붙었다. 치열한 경기를 벌인 끝에 크리스티아누 호날두의 결승골에 힘입어 레알 마드리드가 신승을 거뒀다. 대회 최초로 연속 우승을 기록하며 새로운 역사의 시작을 알렸다.

'세계 챔피언'의 타이틀을 획득한 레알 마드리드는 실력만큼이나 인기도 대단했다. 알 자지라를 상대한 4강전에는 36,650명, 결승전에는 41,094명의 관중이 운집했다. 레알 마드리드가 치른 두 경기의 관중 수가 나머지 여섯 경기를 합한 관중 수보다 많은 점을 고려하면 그 인기가 어느 정도인지 실감할 수 있다. 사실 발롱도르의 선택을 받은 크리스티아누 호날두의 멋진 플레이를 눈앞에서 보는 것만으로도 티켓 값은 충분히 했을 것이다.

2017년 13만여 명의 관중수를 기록한 클럽월드컵의 역대 누적 관중 수는 384만 6천여 명(총 115경기)에 달한다. 경기당 3만 3천여 명의 관중이 지켜본 셈이다. 클럽월드컵에 대한 전 세계 축구팬의 관심이 커지면서 중계권료와 스폰서십 가치도 동반 상승하고 있다. 대회 지역의 관광객 유입 효과도 상당했을 것으로 파악된다. 개최국과 FIFA가 함께 미소 짓는 이유다. 때문에 2년 주기로 차기 대회 개최권을 따내려는 경쟁도 심화되는 양상이다. 클럽월드컵은 2018년까지 아랍에미리트에서 열린다.

국내 축구팬이라면 매 시즌마다 K리그 구단이 아시아 대표로 클럽월드컵에 나설 수 있길 바라는 마음이 든다. 또 다른 대륙에서는 어떤 챔피언이 참가할지 기대된다. 한 시즌의 대미를 장식할 클럽월드컵이 연 초부터 기다려지곤 하는 까닭이다. 문득 다르게 생각해보면 FIFA 클럽월드컵이 새로운 시즌의 시작을 알리는 신호탄 같기도 하다.

02.
FIFA 인터랙티브 월드컵
그리고 성남FC의 O2O 마케팅

　FIFA 개최의 '월드컵' 중에는 4년이나 2년 주기로 열리지 않고 매년 개최되는 대회가 딱 두 가지 있다. 첫 번째는 FIFA 클럽월드컵이다. 두 번째 월드컵은 축구팬들에게도 비교적 생소한 'FIFA 인터랙티브 월드컵(FIWC; FIFA Interactive World Cup)'이다.

　인터랙티브(interactive)는 '상호작용', '쌍방향' 같은 뜻을 갖고 있는 단어다. 즉 축구를 직접 하는 것이 아니라 온라인 게임 상의 팀과 선수를 조종(상호작용)하며 경기를 치르는 것이다. e스포츠에 해당하는 이 '종목'을 이벤트성 대회가 아닌 월드컵으로 격상시켜 매년 개최하는 FIFA의 속내가 궁금해진다.

　기존 FIFA 인터랙티브 월드컵은 EA스포츠의 'FIFA 시리즈' 온라인/비디오 게임으로 승부를 가렸다. 지난 2004년 첫 개최 이후 딱 한번 2007년을 제외하고 매년 이어지고 있다. 우승자에게는 트로피와 상금, 부상 그리고 FIFA 발롱도르 시상식에 입장할 수 있는 특전을 제공한다. 2017년 우승자에게는 20만 달러(약 2억 1,400만 원)의 상금과 FIFA 시상식(The Best FIFA Football Awards) 초대권 2장, 트로피 등이 주어졌다.

대회 초기에는 6개 대륙별로 오프라인 토너먼트를 열어 본선 (Grand Final)에 진출할 대표 선수를 결정했다. 2004년 아시아 대표 선발전은 서울에서 열려 호응을 얻은 바 있다. 그리고 당시 아시아 대표로 선발되어 FIFA 인터랙티브 월드컵에 참가한 박윤서 선수는 4강까지 올랐다. 최근까지는 온라인 대회를 거쳐 본선 진출자 32명을 정했다.

역대 FIFA 인터랙티브 월드컵

횟수	개최연도	개최국	우승	준우승
1	2004	스위스	Thiago Carrico de Azevedo(브라질)	Matija Biljeskovic(크로아티아)
2	2005	잉글랜드	Chris Bullard(잉글랜드)	Gabor Mokos(헝가리)
3	2006	네덜란드	Andries Smit(네덜란드)	Wolfgang Meier(오스트리아)
4	2008	독일	Alfonso Ramos(스페인)	Michael Ribeiro(미국)
5	2009	스페인	Bruce Grannec(프랑스)	Ruben Morales Zerecero(멕시코)
6	2010	스페인	Nenad Stojkovic(미국/세르비아)	Ayhan Altundag(독일)
7	2011	미국	Francisco Cruz(포르투갈)	Javier Munoz(콜롬비아)
8	2012	UAE	Alfonso Ramos(스페인)	Bruce Grannec(프랑스)
9	2013	스페인	Bruce Grannec(프랑스)	Andrei Torres Vivero(멕시코)
10	2014	브라질	August Rosenmeier(덴마크)	David Bytheway(잉글랜드)

횟수	개최연도	개최국	우승	준우승
11	2015	독일	Abdulaaziz Alshehri(사우디아라비아)	Julien Dassonville(프랑스)
12	2016	미국	Mohamad Al-Bacha(덴마크)	Sean Allen(잉글랜드)
13	2017	잉글랜드	Spencer Ealing(잉글랜드)	Kai Deto Wollin(독일)

그동안 유럽을 중심으로 열리던 FIFA 인터랙티브 월드컵은 미국과 남미, 아시아로 뻗어나갔다. 대회 유치를 희망하는 나라는 계속 늘어나는 추세다. 왜냐하면 FIFA의 다른 월드컵 대회보다 개최 비용에 대한 부담이 덜한 반면, 홍보 효과는 꽤나 큰 편이기 때문이다. 다른 월드컵 대회처럼 TV 방송중계를 비롯하여 여러 매체에서 경기를 노출하지 못하더라도 전 세계의 'FIFA 시리즈' 이용자만 끌어들여도 어느 정도 성공을 거두게 된다.

매년 최신판이 발매되는 'FIFA 시리즈'는 역대 스포츠게임 중에 가장 많이 팔린 것으로 유명한데 그만큼 상품성과 잠재적인 선수가 풍부하다. 덕분에 FIFA 인터랙티브 월드컵은 가장 큰 규모의 게임 토너먼트로 기네스북 세계기록에 수록되기도 했다. 사실 기존의 온라인(비디오)게임이나 영화는 축구의 강력한 경쟁 콘텐츠로 여겨져 왔다. 그러나 FIFA는 영리하게도 경쟁 콘텐츠를 적극 수용하는 쪽을 택했다. 2018년부터는 아예 'FIFA eWorld Cup'으로 명칭 및 대회 방식을 개편하기에 이르렀다. FIFA 고위 관계자나 세계적인 인기 선수를 내세워 'FIFA 시리즈' 게임과 대회 참가를 독려할 정도다. 이유는 간단하다. 돈이 되기 때문이다.

간단하게 보면 수많은 이용자가 존재하고 월드컵이라는 플랫폼을 보유한 FIFA는 'FIFA 시리즈' 게임 제작사로부터 큰 액수의 스폰서십 및 라이선싱(licensing) 비용을 받을 수 있다. 또 본선 개최 지역에서도 여러 가지 이벤트 수익을 발생시킨다. 직접적인 금전 이익 못지않게 중요한 부분은 축구게임 이용자를 현장으로 불러내는 데 있다. 게임으로 축구의 재미와 즐거움을 느낄수록 직접 해보거나 관람하는 활동으로 이어질 가능성이 높아진다. 즉 요즘 여러 분야의 화두로 떠오른 'O2O(Online to Offline)' 개념으로 이해할 수 있는데 FIFA의 의중을 가장 잘 설명하는 용어이다.

FIFA가 나섰듯이 온라인 축구게임 시장은 꽤나 매력적인 규모로 형성되어 있다. 하지만 프로축구단이 온라인 축구게임을 실제 마케팅에 활용하는 사례는 아직 한정적이다. 맨체스터 시티와 웨스트햄 유나이티드(이상 잉글랜드), VfL 볼프스부르크와 샬케 04(이상 독일), AS 로마(이탈리아), 스포팅 리스본(포르투갈) 등 몇몇 유럽의 축구단에서 선도적인 역할을 해왔다. PSV 아인트호벤(네덜란드)의 경우 최신 FIFA 시리즈에 맞춰 신규 선수 영입에 나섰고 발렌시아 CF(스페인)는 e스포츠 팀을 창단하기도 했다. 하지만 유럽 밖에서는 여전히 드문 움직임이다. 특히, 아시아에서는 성남FC가 나서기 전까지 온라인 축구게임을 활용한 O2O 마케팅은 미개척 영역이었다.

성남FC는 지난 2016년 8월 탄천종합운동장에서 열린 홈경기 전에 축구게임 경력 10년 이상의 프로게이머인 김정민 선수를 맞이하는 입단식을 개최했다. 이후 김정민 선수는 성남 구단의 유니폼을

입고 FIFA 온라인 3 대회에 참가하고 게임 상의 팀도 성남FC(선수
는 임의구성)로 플레이하고 있다. 구단은 김 선수의 전문적인 훈련
및 대회 참가 지원에 나서는 한편, 다른 선수들과 함께 구단 행사
나 팬 프로모션에도 함께하도록 했다.

김정민 선수는 입단식에서 본인의 활동을 통해 구단 홍보가 잘
이뤄지고 경기장을 찾는 관중도 늘어나길 바란다고 언급했다. 성남
FC가 왜 그를 영입했는지 잘 대변해준 듯하다. 국제축구연맹이
FIFA 인터랙티브 월드컵을 개최하는 목적처럼 성남FC도 O2O 효
과를 기대하는 게 핵심이다.

일단 국내 FIFA 온라인 3의 유저 수만 해도 약 1천만 명에 달하
는 것으로 추산된다. 나아가 중국, 베트남, 태국 등 축구의 인기가
높은 아시아 지역을 비롯하여 전 세계적으로 많은 회원 수를 보유
하고 있는 게임인 것을 감안해야 한다. 때문에 김정민 선수의 국내
외 대회 출전 및 활약 여부에 따라 소속 구단과 유니폼 노출 효과
만 해도 기대 이상일 것으로 예상할 수 있다.

김정민 선수는 본인의 데뷔 경기를 승리로 장식하며 기분 좋은
출발을 알렸다. 이후 한-중전 이벤트 경기에서 한국대표로 출전하
여 뛰어난 경기력을 선보였으며, 꾸준히 성과를 냈다. 그 덕분일까?
성남FC는 2017년 6월 중국 심천을 기반으로 한 스포츠 기업인
'leftion'과 함께 2억 원 규모의 파트너십(partnership)을 체결했
다. 투자 기업 역시 중국 내 e스포츠 시장에서 영향력을 키우고 있
어 이해관계가 잘 맞은 결과였다. 김정민 선수가 대회 출전 시 착
용하는 성남 유니폼에 후원사의 로고가 부착되었고, 중국 내 프로

모션에도 참가하여 노출 효과를 높이고 있다. 파트너십 체결 직후 김정민 선수가 '2017 피파 온라인 3 아디다스 챔피언십'에서 최초의 두 시즌 연속 우승 그리고 총 3회 우승이라는 대기록을 세우면서 소속 구단과 파트너사에 기쁨을 선사하기도 했다.

또 성남FC는 파트너사의 타이틀 스폰서십과 함께 국내 프로스포츠 구단 최초로 아마추어 e스포츠 대회인 'leftion cup 2017'을 개최했다. FIFA 온라인 3 플레이 팀의 선수 구성을 성남FC 선수로만 가능하게 설정한 점이 특징이다. 300여명의 참가자는 자연스럽게 성남 선수단에 대한 관심과 이해도를 높여야 했다. 결승전은 성남FC의 홈경기 전에 치렀으며, 하프타임 때는 김정민 선수가 포함된 팀과 최종 우승팀이 이벤트 매치를 벌이기도 했다. 모두 e스포츠팬을 구단의 라이트 팬층으로 유입시키기 위한 프로모션이었다. 나아가 파트너십을 통해 성남과 심천 지역의 축구 교류도 논의 중인 것으로 알려졌다.

K리그를 넘어 아시아 축구 최초의 사례를 성남FC가 만들어냈다. 추이를 더 지켜봐야겠지만 분명 의미 있는 결실을 단기간에 거뒀다. 구단의 마케팅 효과를 얻거나 차별화된 경로로 팬을 끌어들이는 부분도 기대되지만 시민구단인 성남FC와 성남시민인 김정민 선수의 시너지, 연고지인 성남시가 IT 산업의 중심이라는 점도 알릴 수 있어 여러모로 가치 있는 시도라 여겨진다.

성남FC가 축구게임을 통한 O2O 마케팅, e스포츠 사업의 문을 열었으니 또 어떤 구단이 도전장을 내밀지 궁금해진다. 언젠가 독일의 '버추엘레 분데스리가(Virtuelle Bundesliga)'처럼 K리그 버전의 축구게임리그도 볼 수 있지 않을까? 어쨌든 e스포츠 및 FIFA 시리즈 게임 이용자의 오프라인 유입이 활성화되어 국내축구에도 긍정적인 영향을 미치길 기대해본다.

03.
인천유나이티드의
천만 원짜리 시즌권

인천유나이티드는 시민구단이지만 기업구단 못지않게 새로운 마케팅을 시도해왔다. 그리고 2016년 또 한 번의 파격을 단행했다. K리그 구단으로는 최초로 천만 원짜리 시즌권을 발매한 것이다. 당시 2012년 완공된 인천축구전용경기장이 아무리 축구를 보기 좋다지만 천만 원짜리 시즌권이라니! 과연 구입할 사람이 있을까하는 의구심이 생길법하다. 그런데 '플래티늄11'이라고 명명된 고가의 시즌권은 총 11장 한정 발매되어 일정 부분 팔려나갔다고 한다. 가격만 놓고 보면 놀라운 금액이지만 제공되는 혜택을 고려하면 납득이 간다. 심지어 구매 욕구가 느껴지기도 한다.

인천유나이티드가 제시한 '플래티늄11' 시즌권의 주요 혜택사항으로는 프리미엄좌석 제공 및 회원명 좌석 명기, 비 출전선수들 프리미엄석 동반 관람, 새로운 시즌 유니폼 제공, 선수단 및 감독 친필 사인과 포토데이 초청, 스카이 박스(Sky Box) 연 2회 제공, 식사 케이터링 서비스 제공(20경기 2인 기준), 시승차 제공 및 픽업 서비스, 호텔 연 6박 이상 조식포함 제공, 인천지역 후원사 병원 종합건강검진 2인권 제공, 외식 식사권 4인권 2매 제공, 인천지역 영화관 관람권 24매 제공, 법무법인 법률상담서비스 제공, 인천유나이티드배 스크린골프대회 초청, 4인 무료 라운딩권 연 2회 제공, 각종 후원사 물품 주기적으로 선물배송, 명절 및 시즌 성적에 따라 감사선물 제공, 시즌권 판매금액의 상당액 지역사회공헌 활동에 사용 및 기부 등이다. 그야말로 구단이 마련할 수 있는 혜택을 총 동원한 특별한 시즌권이었다.

K리그 클래식에 소속된 인천유나이티드의 경우 2016년 홈에서 열린 정규리그 경기가 20회 정도였다. 그 기준으로 봤을 때 플래티늄11의 한 경기당 티켓 가격은 50만 원선이다. 개인에게는 다소 부담스러운 금액이지만 기업이나 단체가 목적에 따라 충분히 구입할 수 있는 액수이다. 실제로 내부 마케팅(internal marketing) 측면에서 임직원의 복리후생으로 제공하거나 영업 및 호스피탈리티(hospitality) 같은 VIP 마케팅 용도로 구입한 이들이 대부분인 것으로 알려졌다. 호스피탈리티는 환대나 접대의 의미로 스포츠이벤트나 구단을 후원하는 기업이 경기의 특별석을 이용할 수 있는 권리를 자사 주요고객에게 제공하는 방식으로 활용한다. 호스피탈리티든 개인적이든 그 이용자는 특별한 경험과 함께 다양한 혜택을 누릴 수 있다.

구단 입장에서는 후원사로부터 현금 보다 현물을 지원받기가 비교적 용이하므로 단순한 경품 활용보다는 훨씬 부가가치가 큰 상품화를 시도한 셈이다. 이후 그 실효성에 대한 의문이 제기되기도 했지만 과감한 기획을 실행한데서 큰 의미를 찾을 수 있다. 플래티늄

11 시즌권 출시만으로 구단뿐 아니라 리그의 가치 및 이미지에 대해 환기하는 마케팅 효과를 누렸기 때문이다. 그동안 국내 프로축구계에서는 '입장권을 팔아서 얼마나 남기겠느냐'는 식의 생각이 팽배했던 게 사실이다. 당장의 관중 동원을 위해 초대권을 뿌리는 일도 비일비재했다. 때문에 인천유나이티드의 새로운 시도가 더욱 파격적으로 다가온다. 이제는 여러 구단이 무료입장권 근절에 나섰고 좌석 가치를 높여 유료 관중을 늘리기 위해 노력하고 있다. 나아가 일부 구단은 입장권 판매 및 영업 전문 인력을 영입하는 적극적인 모습도 보인다. 이미 유럽이나 미국의 프로축구단의 경우 대부분 티켓 판매 및 프로모션(ticket sales & promotion) 전담 부서와 인력을 두고 있다.

물론 프로구단의 주 수입원은 중계권 판매와 스폰서십을 통해 발생하는 비중이 높은 게 현실이다. 그럼에도 입장권 판매율이 높을수록 관중수와 인기도가 높다는 뜻이 되고 중계권료와 스폰서십 향상에 긍정적인 영향을 미친다. 또한, 입장권 판매 자체로 고정수익을 발생시키고 머천다이징(merchandising) 판매까지 연계할 수 있기 때문에 중요하게 여겨지는 것이다.

인천유나이티드가 운영하는 다른 입장권 가격도 살펴보면 좌석에 따라 지정석, 자유석, 원정석, 테이블석, 프리미엄석으로 구분된다. 일반석의 경우 팬 라운지 혹은 클럽 라운지 위치에 따라 가격 차이가 나기도 했다. 또 테이블석에는 후원사의 명칭을 붙여 '볼비어-CGV 테이블석'과 같은 네이밍 라이츠(naming rights) 활용 사례를 만들어냈다. 시즌권 구입에 따른 혜택사항으로 시즌권 패키지 제공, 구단 후원사 할인, 프리미엄석 서비스 제공, 다양한 이벤트 참여 기회 등을 제공함으로써 관중을 끌어들이고 있다.

K리그 구단의 경기장 좌석은 위치에 따라 크게 본부석, 일반석, 홈/원정 서포터스석으로 나눠진다. 또 입장권은 일반권과 특별권, 시즌권으로 구분할 수 있다. 특별권의 경우 커플석(2인)이나 패밀리석(4인), 단체석 등이 해당된다. K리그(1부 리그) 경기의 성인 1명당 일반석 티켓 정가는 1만 원 내외이며, 14,000원이 가장 높게 책정된 액수이다. 과거에는 관중을 불러 모으기 위해 입장권과 시즌권의 가격을 대폭 할인하는 정책이 주류였다. 시민구단의 경우 지역민의 복지 차원에서 입장료를 책정하는 경향도 있다. 만 36개월 미만 영아, 경로(65세 이상), 국가유공자, 장애인, 군인 및 경찰 복무자 등에게 무료입장 기회를 제공하는 것도 비슷한 맥락이다. 여전히 가격 할인을 중심으로 입장권을 운영하는 구단이 있지만 인천유나이티드의 사례처럼 특색 있는 서비스로 좌석 및 입장권 차별화에 나선 구단도 여럿 눈에 띈다.

전북현대의 경우 일반석 외에 스카이 박스, VIP석, 일반석, 이벤트존(스페셜존, 가족석, 커플석), 코나석, 스탠딩석 등을 운영하고 있다. 또 개막 및 결승전, FC서울 및 수원삼성 전, 스플릿라운드, FA컵 결승 및 AFC 챔피언스리그 경기 같은 BIG경기와 일반경기를 구분하여 요금을 차등 책정하기도 했다. FC서울은 치킨 존, 아사히 스카이 펍(테이블석, 테라스석) 등 특별 좌석을 판매하고 있다. 고급 좌석인 스카이라운지 시즌티켓의 경우 100만원에 판매하기도 했다. 스카이 박스 이용 시에는 전용공간과 뷔페, 각종 주류와 음료, 맞춤형 컨시어지 서비스(concierge service), 매치데이 매거진, 이용 단체 알림보드 설치, VIP 전용 출입구 입장 및 주차증, 스카이 박스 사인회 참여 기회 등을 제공한다. 두 구단을 비롯하여 K리그의 일부 구단은 최고등급 좌석인 스카이 박스를 운영하고 있다. 조금씩 차이는 있지만 아늑한 전용 공간과 서비스, 먹거리, 기념품 등 기본적으로 제공하는 사항이 유사한 편이다.

K리그 구단 경기장 내 스카이 박스 주요 현황

구단	홈 경기장	이용료	인원
전북현대	전주월드컵경기장	100만원 / 80만원	1경기 12인
인천유나이티드	인천축구전용경기장	70만원	1경기 11인
포항스틸러스	포항스틸야드	100만원	1경기 16인
수원삼성	수원월드컵경기장	200만원 내외	1경기 12인
FC서울	서울월드컵경기장	330만원 / 165만원	1경기 22인 / 12인
대전시티즌	대전월드컵경기장	35만원 / 24만원 내외	1경기 10인 / 6인

한편, 제주유나이티드는 여성 관중과 제주도민에게 좌석 가격의 특별 할인 혜택을 제공 했으며, 울산현대는 프리미엄 및 특석테이블 지정석의 시즌권 구매자 이름을 좌석에 새겨주는 서비스를 제공한 바 있다. 서울이랜드는 2016 시즌에 '승격시즌권(풀/테이블 시

즌권)'을 발매하고 K리그 클래식 승격 시 2017년 재구매자에게 일반 시즌권을 추가 증정(1+1)하며 흥미를 더하기도 했다. 부산아이파크는 지난 2008년 국내 프로축구 최초로 가변좌석을 설치하여 관중 편의와 함께 프로축구의 좌석 가치를 향상시킨 바 있다. 이후 대구FC와 상주상무, FC안양, 서울이랜드 등 여러 구단이 가변좌석을 활용하고 있다. 또 부산아이파크는 한동안 '부탁해존'이라는 특별 좌석을 도입하여 파트너 레스토랑의 음식을 경기장 내에서 판매하기도 했다.

대전시티즌의 입장권 정책은 K리그 챌린지에서 단연 두드러졌다. 일단 K리그 챌린지에서는 보기 드물게 스카이 박스와 W-테이블(2인석, 4인석), 퍼플 라운지 같은 특별석을 운영했다. 앞서 '+B11티켓'과 '+F11프로그램' 같은 독특한 운영을 한 사례도 있다. +B11 티켓(1인 15만원)은 기본적으로 유니폼과 일반석(W석) 관람권 각 한 장을 포함하여 대전시티즌 선수로서 경기장에 입장할 수 있는 기회를 줬다. 선수단과 함께 프로축구가 펼쳐지는 경기장에 입장하고 상대팀 선수 및 심판진과 악수를 나누며, 관중석에 싸인볼을 던져주는 경험을 하기는 분명 쉽지 않다. 그리고 +F11프로그램(1인 5만원)은 중·고등학생을 대상으로 한 특별 입장권으로 프런트가 되어 대전월드컵경기장 내 주요 공간을 견학한 뒤 경기를 볼 수 있게 했다. 스타디움 투어와 경기관람을 묶은 독특한 패키지 상품인 셈이다.

이런 특별한 입장권은 구매자가 경기장에서 색다른 경험을 할 수 있게 해주고 좋은 감흥을 유발한다. 또한, 일반 입장권과 시즌권에 선수나 감독의 초상을 새겨 넣으면 훌륭한 기념물이 되고 스폰서를 표기하여 추가적인 홍보 효과도 누릴 수 있다. K리그 구단이 입장권 판매를 촉진시켜 실제 관중수를 측정하는 까닭은 입장 수익 집계와 함께 구단의 가치를 파악할 수 있게 해주기 때문이다. 이제껏 소홀히 여긴 경향이 있지만 좌석의 상품화와 적극적인 입장권 및 시즌권 판매가 이뤄지는 분위기는 긍정적이다. 인천유나이티드의 천만 원짜리 시즌권을 뛰어넘는 파격적인 티켓 상품은 언제쯤 나올는지 궁금해진다. 물론 기록을 고쳐 쓰는 것도 좋지만 다양한 수요와 각 구단별 경기장의 특성을 고려한 다채로운 입장권(좌석) 마케팅이 K리그에서 실현되길 기대해본다.

04.
진짜 더비 매치를 기다리며

　매 시즌 엎치락뒤치락하는 K리그의 순위 경쟁도 흥미롭지만 수원 FC나 서울이랜드 같은 특정 팀이 1부 리그로 승격할는지 점쳐보는 재미도 있다. 왜냐하면 그 결과에 따라 다음 시즌 K리그에서 진정한 '더비 매치(derby match)'를 볼 수 있느냐 없느냐가 정해지기 때문이다.

　오늘날 더비 매치는 라이벌 팀끼리 벌이는 스포츠 경기를 이르는 말로 쓰인다. 어원 자체는 19세기 중엽 영국의 더비라는 소도시를 연고로 한 두 축구단의 경기에서 비롯한 것으로 보는 게 정설이다. 같은 지역의 구단일수록 출신, 종교, 경제적 상황 등에 따라 지지층이 갈리고 비교와 경쟁은 더욱 극심해진다. 아르헨티나의 부에노스아이레스를 연고로 삼는 보카 주니어스와 리버 플라테의 '수페르클라시코', 스코틀랜드 글래스고 더비를 형성하는 셀틱과 레인저스의 '올드 펌 더비', 같은 연고지와 홈구장을 쓰는 AC밀란과 인터밀란의 '밀라노 더비' 등이 대표적인 더비 매치다. 또 스페인 내 라이벌 대결인 FC바르셀로나와 레알 마드리드의 '엘 클라시코(El

Clasico)'는 오랜 역사적 사건과 이야기가 얽혀 세계적인 더비 매치로 여겨지고 있다.

이처럼 더비 매치는 특유의 상황으로 인해 엄청난 열기와 극적인 요소로 해당 지역을 비롯하여 다른 축구팬의 관심까지 끌어 모은다. 미디어의 참여는 물론이다. 기본적으로 더비 매치는 자존심 싸움이다. 객관적인 전력 차이가 있어도 예상치 못한 결과가 나오는 까닭은 그 때문이다. 극심한 경쟁심으로 인해 박진감 넘치는 경기가 펼쳐지며 명승부와 무수한 이야기를 만들어내기도 한다.

국내 축구팬도 한국판 더비 매치를 열망하는 마음에 포항스틸러스와 울산현대의 대결을 동해안 더비라고 부르기도 한다. 그 외에도 전북현대와 전남드래곤즈의 호남 더비, FC서울과 인천유나이티드의 경인 더비 등 여러 가지 명칭을 만들어내기도 했다. 그러나 동일 연고지의 구단간 대결에 바탕을 둔 어원으로 봤을 때 진정한 더비 매치는 K리그 안에서 여전히 희소성이 높은 편이다.

때문에 대한축구협회가 매년 개최하는 FA컵은 대리만족의 기회였다. K리그, 내셔널리그, K3리그 등 다양한 리그의 출전 팀이 혼합 경쟁하며 동일 연고지 팀간 경기가 성사되기 때문이다. 초기에는 울산현대와 울산현대미포조선의 울산 더비가 시작을 알렸다. 프로와 실업이라는 급수가 달랐지만 연고지와 모기업이 같은 두 팀의 '형제' 대결은 은근한 경쟁 기류가 흘렀다. 세 차례 대결의 스코어만 봐도 치열했을 경기 장면이 그려진다. 같은 홈구장을 공유하고 있는 경남FC와 창원시청의 맞대결도 큰 관심을 모은 바 있다. 2016년에는 마침내 부산아이파크와 부산교통공사의 부산 더비가 이뤄졌다. 2017년부터 K3리그에 부산FC가 참여함에 따라 또 다른 부산 더비를 볼 수 있을 것으로 기대된다. 반면, 울산 더비, 인천 더비, 천안 더비는 한동안 볼 수 없게 된 더비 매치이기도 하다.

역대 FA컵 더비 매치

연도	경기명	경기결과	장소
1999	FA컵 1라운드	울산현대 4:2 울산현대미포조선	광주무등경기장
2001	FA컵 2라운드	울산현대 3:2 울산현대미포조선	울산공설운동장
2002	FA컵 16강	울산현대미포조선 2:3 울산현대	남해공설운동장
2004	FA컵 32강	인천Utd. 1:1(4 PSO 5) 인천 한국철도	함안공설운동장
2005	FA컵 32강	수원시청 1:1(3 PSO 5) 수원삼성	파주NFC
2007	FA컵 26강	창원시청 0:2 경남FC	창원종합운동장
2008	FA컵 예선	천안FC 0:0(8 PSO 9) 천안시청	김천종합운동장
2010	FA컵 32강	창원시청 2:3 경남FC	창원축구센터
2010	FA컵 16강	수원삼성 4:1 수원시청	수원월드컵경기장
2011	FA컵 16강	수원시청 0:1 수원삼성	수원종합운동장
2016	FA컵 32강	부산아이파크 3:0 부산교통공사	부산아시아드경기장

드물게도 진화한 더비 매치가 있으니 바로 수원 더비다. 내셔널리그 소속이던 수원FC(당시 수원시청축구단)는 FA컵에서 수원삼성과 몇 차례 마주친 적이 있다. 비록 FA컵에서는 수원FC가 전패를 기록했지만 K리그로 무대를 옮겨 설욕을 노렸다. 그리고 K리그 클래식에서 드디어 수원 더비가 성사되었다. 2013년부터 K리그 챌린지에 참가하던 수원FC가 승격을 이뤄내 수원삼성과 같은 리그에서 마주하게 된 것이다. 2016년 5월 14일 수원종합운동장에서 역사적인 K리그의 첫 수원 더비가 열렸다. K리그의 지역연고제가 완전

정착한 1996년 이후 한 도시를 같은 연고지로 삼는 두 프로축구단의 로컬 더비가 최초로 열린 의미도 컸다.

당해 총 네 차례의 맞대결에서 수원삼성이 3승 1패를 거뒀다. 하지만 수원FC가 거둔 1승은 적지에서 4-5라는 많은 골과 함께 이뤄낸 승리라 더욱 뜻깊었다. 비록 이듬해 수원FC의 강등으로 수원 더비를 당분간은 K리그에서 보기 어렵지만 향후 여러 경쟁요소는 더비 매치의 열기를 보다 뜨겁게 만들 것으로 예상된다. 가령, 양 팀에서 뛰었던 선수들의 활약이 있다. 수원FC의 서동현은 수원삼성에서 프로 데뷔 후 5년간 좋은 활약을 보였던 공격수이다. 공교롭게도 2016년 수원FC로 팀을 옮겨 언젠가는 친정팀의 골문을 열어야 한다. 김종우의 경우 2015년 수원삼성에서 수원FC로 임대되었다가 이듬해 다시 빅버드에 복귀했다. 그 외에도 여러 선수들이 있다. 이런 사연이 쌓일수록 수원 더비의 재미와 매력도 커진다.

수원시청축구단에서 출발한 수원FC와 모기업이 운영하는 수원삼성은 확연히 다른 성격의 구단이다. 인지도나 인기 면에서는 수원삼성이 앞서지만 동일 리그에서 지속적으로 맞붙게 된다면 연고 팬의 마음이 어디로 향할지 섣불리 예측하기가 어렵다. 수원FC는 감성을 자극하는 영구결번(1번은 수원시민, 12번 서포터스에 헌정)을 비롯하여 다채로운 마케팅으로 꾸준히 지역 팬심을 끌어들이고 있다. 또 더비 매치에 앞서 홈 경기장 인근을 더비거리로 조성하고 기념 머플러와 특별 공인구를 제작하는 등 적극적으로 나서기도 했다. 덕분에 수원FC는 평균 관중의 꾸준한 증가로 '플러스 스타디움(Plus Stadium)상'을 수상한 바 있다. 수원삼성 역시 수원 더비를 기념하는 로고와 주제가, 유니폼, 머플러, 입장권 등을 출시하며 의미를 더하고 팬심도 사로잡았다.

이제 서울 더비가 남았다. K리그에서 FC서울의 잠재적인 더비 매치 상대는 서울이랜드이다. 2015 시즌 K리그 챌린지에 참가한 서울이랜드는 창단 과정부터 많은 기대를 모았다. 든든한 모기업의 지원에 힘입어 선수단 구성부터 1부 리그 못지않은 수준이었기 때문이다. 또한, 프리시즌부터 선수 공개테스트, 전지훈련 팬 투어, 파격적인 유니폼을 선보이는 등 서울이랜드의 공격적인 마케팅은 계속되었다. 물론 서울이랜드와 FC서울의 팬덤(fandom)은 아직 적잖은 차이가 난다. 하지만 선수 구성과 연고 팬에게 다가서는 활동만큼은 서울이랜드도 FC서울 못지않은 수준이다. 게다가 강남-강북의 지역 내 구도는 서울 더비의 분위기를 뜨겁게 달구는 요인으로 작용할 것이다.

아직 K리그와 FA컵에서 성사된 적이 없는 서울 더비는 R리그 (Reserve league·2군 리그)에서 먼저 이뤄졌다. 2016년 3월 29일 구리 GS 챔피언스파크에서 열린 더비 매치의 승자는 서울이랜드였다. 비록 선수 출전 기회 부여와 경기력 강화에 중점을 둔 경기였지만 양 팀의 대표이사와 서포터스가 지켜볼 정도로 관심을 모았다. 향후 서울 더비의 양상은 어떨지 더욱 궁금해진다.

K리그 최고의 흥행카드는 단연 수원삼성과 FC서울의 '슈퍼매치 (Super Match)'다. 슈퍼매치가 열리는 날이면 양 팀과 팬뿐 아니라 다른 축구팬과 미디어까지 덩달아 들뜬다. 여기에 한국판 더비 매치가 가세한다면 국내 프로축구는 더욱 활기를 띨 것이다.

05.
프랜차이즈 스타를 키우자

축구계 최고 권위의 상인 'FIFA 발롱도르(FIFA Ballon d'or)' 5회 수상에 빛나는 선수가 있다. 바로 아르헨티나의 리오넬 메시이다. 메시의 발롱도르 수상을 흐뭇하게 바라봤던 건 소속팀인 FC바르셀로나도 마찬가지다. 메시는 FC바르셀로나가 배출한 세계 최고의 축구선수이다. 아르헨티나에서 유망주를 발견한 FC바르셀로나는 메시를 스페인으로 스카웃하여 체계적인 육성 프로그램과 지원을 통해 선수의 재능을 만개시킬 수 있었다. 메시는 이른바 FC바르셀로나의 '프랜차이즈 스타(franchise star)'인 셈이다.

프랜차이즈 스타는 팀을 대표하는 '간판선수'의 뜻으로 쓰기도 하지만 엄밀히 따지면 구단이 직접 키워낸 인기 선수로 볼 수 있다. 구단은 가능성 있는 선수에게 어린 시절부터 여러 가지 지원을 해주고, 팬은 팀의 미래가 될 재목에 대해 애착을 쏟는다. 또 선수는 그들에게 고마움과 자부심을 느끼며 경기에 임한다. 유소년 때부터 성인까지 축구를 이어가게 되면 자연스럽게 많은 시간을 동고동락

한 선수와 팀, 팬은 일체화된다. 그런 일련의 과정을 거쳐 프랜차이즈 선수가 탄생하며 해당 구단의 상징, 즉 아이콘처럼 특별하게 여겨지는 것이다.

특히, 연고지역 출신의 프랜차이즈(hometown franchise) 선수가 탄생한다면 그 가치는 배가된다. 홈 타운 프랜차이즈 스타는 구단뿐 아니라 해당 지역을 대표하는 상징성까지 갖는다. 때문에 프로축구단이라면 저마다 프랜차이즈 선수를 발굴하고 양성하기 위해 투자한다. K리그의 구단 대부분은 각급 유스 팀을 운영하며 우수 선수를 체계적으로 육성하는 시스템을 마련하고 있다.

한국프로축구연맹도 제도화를 통해 구단별 프랜차이즈 선수 양성을 장려한다. 연맹은 '유소년 클럽 시스템 운영 세칙'에서 프로 클럽이 각급 유소년 팀(U-10·12·15·18)을 반드시 구성하고 운영하도록 규정하고 있다. 또한, 각 구단이 U-18 팀에서 육성한 소속선수(졸업예정자)를 먼저 영입할 수 있는 우선지명권을 부여한다. 결정적으로 K리그에 23세 이하 선수 1명의 의무선발출전(최소 2명 이상 출전명단 포함) 규정을 도입하여 유망주의 기용을 유도하고 있다. 덕분에 성남FC의 황의조, 수원삼성의 권창훈 같은 유스 출신 선수들이 프랜차이즈 스타로 급부상할 수 있었다.

'리틀 K리그'로 불리는 K리그 주니어 및 K리그 U17/U18 챔피언십이나 대한축구협회 초중고리그 및 왕중왕전 같은 굵직한 대회를 기준으로 봤을 때 좋은 결실을 거두고 있는 구단으로는 포항스틸러스, 울산현대, 수원삼성 등을 꼽을 수 있다. 특히, 포항의 각급 유스 팀은 거의 모든 대회에서 강력한 우승 후보로 손꼽히며 실제

입상 전적도 화려하다. 그 과정에서 많은 프랜차이즈 스타가 탄생했음은 물론이다. 이동국, 오범석, 황진성, 박원재 등이 대표적이다. 또한, 2013년 포항은 유스 출신의 신화용, 고무열, 김승대 등이 주축을 이뤄 K리그 구단 최초의 리그 및 FA컵 더블을 달성하는 대기록을 세운 바 있다. 태극마크를 달기도 한 문창진과 황희찬도 포항 유스 출신이다.

포항 못지않게 뛰어난 유스 시스템을 자랑하는 전남드래곤즈의 경우 지동원, 윤석영, 이종호 같은 프랜차이즈 스타를 꾸준히 배출했다. 역시 전남 U-18팀(광양제철고) 출신인 김영욱의 경우 '전남의 아들'로 불리며 2010년부터 팀의 주축으로 활약하고 있다. 최근에는 수원삼성의 프랜차이즈 스타들이 큰 빛을 발하고 있다. 수원삼성 U-18팀인 매탄고를 거쳐 수원삼성에 입단한 권창훈과 연제민, 민상기 등이 대표적이다. 수원삼성은 탈 고교급 공격수로 불리는 전세진을 비롯하여 4명의 유스 출신 선수를 우선지명으로 영입하기도 했다.

울산현대 역시 현대중과 현대고 등 유스 팀의 명성이 높은 구단이다. 울산 유스 팀 출신 선수로는 이상호, 김승규, 임창우, 정승현 등이 대표적이다. 2017년 울산 U-18팀(울산현대고)의 6관왕을 이끌었던 오세훈, 김규형은 고교 졸업 후 곧바로 울산현대의 부름을 받아 또 다른 프랜차이즈 스타의 탄생을 기대하게 만든다. 부산아이파크는 선수단 개편의 일환으로 유스 팀 출신의 이상준, 박호영, 박경민과 프로 계약을 체결했다. 그들은 모구단의 축구를 잘 이해하면서 팀을 승격시키고자 하는 열의도 높다. 또 이정협, 김진규,

최승인, 권진영 등 기존의 유스 출신에 더하여 장차 프랜차이즈 스타로 성장함에 따라 부산 축구팬들의 시들해진 관심을 환기시키는데도 긍정적 영향을 미치길 기대한다.

구단의 역사와 추억을 공유하는 프랜차이즈 선수의 가치는 단순하게 연봉으로만 표현하기 어렵다. 프랜차이즈 선수는 구단에 대한 팬들의 애착과 자부심을 한데 모으는 구심점 역할을 한다. 프랜차이즈 선수와 같은 학교나 동향 출신인 팬들은 그를 응원하기 위해 경기장을 찾는다. 나아가 팀 전체에 대한 관심으로 옮겨가고 주변으로 점차 전파하는 효과를 만든다.

능력이 뛰어난 선수는 어느 팀에 가더라도 환영받겠지만 언젠가는 부침을 겪기 마련이다. 냉혹한 프로의 세계에서 실력만으로는 한 팀에서 오랫동안 머물기 힘들다. 반면, 프랜차이즈 선수는 이따금씩 부진하더라도 팀과 팬이 쉽게 내치지 않고 포용해주는 일종의 특권을 누린다. 물론 선수의 노력과 팀에 대한 뜨거운 애정이 드러날 때 가능한 예외이다.

좋은 경기력과 성적, 팬 호응 유도, 선수간 결집 등 장기간 팀에 기여한 프랜차이즈 스타는 장차 '레전드(legend)'의 반열에 올라선다. 그러나 국내 프로축구에서는 진정한 레전드로 인정받는 선수를 만나기 어려운 편이다. 오랜 시간 한 팀에서만 뛰는 '원클럽맨(one -club man)'으로 경력을 마치는 게 여건상 어렵기 때문인데 그래서 희소성이 더 높다. 같은 맥락에서 프랜차이즈 스타의 의미를 완화하여 팀의 대표적인 선수를 내세우기도 한다.

비단 프랜차이즈 스타는 선수로만 한정되지 않는다. 지도자도 해당된다. 가령, 과거에 성남을 이끌었던 신태용 감독이나 포항의 지휘봉을 잡았던 황선홍 감독은 해당 구단의 선수 출신인 프랜차이즈 스타 감독이다. 이후 노상래(전남), 최용수(FC서울), 서정원(수원삼성), 최순호(포항) 감독 등이 프랜차이즈 스타 감독으로써 새로운 전성시대를 열었다. 그들은 각자 선수 시절 활약했던 팀의 감독을 맡아 경기 면에서나 진로 면에서 선수들이 나아가야할 방향을 제시해줬다. 2015 시즌 중국의 한 구단으로부터 거액의 제안을 뿌리쳤던 최용수 감독은 프랜차이즈 스타다운 면모를 보여준 바 있다. 또한, 팀과 팬에 대한 진한 애정을 확인할 수 있었다. 그를 통해 소속 구단의 팬뿐 아니라 다른 K리그 팬과 매체도 큰 관심을 보여 마케팅 효과를 덤으로 누렸다.

연고 팬으로부터 사랑받는 구단이 되기 위해서는 프랜차이즈 선수를 소중히 여기며 투자를 아끼지 않아야 한다. 또 선수는 보답하는 마음과 함께 진정한 스타플레이어가 되기 위해 부단히 노력해야 마땅하다. 그럼에도 선수의 이적은 필연적으로 발생할 수 있다. 모든 이별이 나쁜 것은 아니지만 오직 돈의 논리에 의해서 프랜차이즈 선수가 홈타운 클럽을 떠나거나 혹은 떠나보내는 불상사가 일어나지 않길 바라는 게 축구팬들의 마음이다. 장차 프랜차이즈 스타가 될 어린 선수들에게 좋은 본보기가 더 많아지면 좋겠다.

06.
축구장 먹거리 열전

최근 프로축구단의 새로운 팬 서비스로 떠오른 부문이 있다. 바로 '식음료(F&B; Food and Beverage)' 부문으로 여러 구단에서 차별화를 위해 관심을 기울이는 모양새다. 지난 2016년 K리그 클래식 12개 구단별 팬을 대상으로 한 설문조사 결과 축구장에서 가장 즐겨먹는 음식으로 치킨이 압도적인 1위(55.3%)를 차지한 바 있다. 또한, 여러 종류의 먹거리 판매를 원한다는 결과도 나왔다. 이유는 간단하다. 경기장을 찾은 관중이 다양한 먹거리와 함께 축구를 즐기길 원하는 까닭이다.

이에 울산현대는 2015년 소속 선수의 이름을 딴 매점 운영과 '시누크버거'로 호응을 얻은 바 있다. 또 감독 및 다른 선수들의 이름을 딴 매점과 먹거리 세트도 연달아 선보이며 팬들의 발길이 이어졌다. 제주유나이티드 역시 홈 경기장에서 소속 선수들의 이름과 포지션에 따른 주 역할을 네이밍한 골·어시스트·슈퍼세이브 콤보세트를 판매하며 관심을 모았다.

FC서울의 경우 조금 더 확장된 식음료 비즈니스에 나섰다. 2016

년부터 서울월드컵경기장에서 커피 전문점인 'FC서울 팬 카페'를 운영하며, 커피류를 비롯한 다양한 종류의 음료 및 디저트를 판매한다. FC서울은 구단의 이미지를 녹인 카페를 활용하여 홈경기장의 방문객에게 경기가 없을 때에도 기억에 남는 서비스를 제공함으로써 홍보 효과와 실질적인 매출도 기대한다.

또한, FC서울은 홈경기가 있을 때 다양한 푸드트럭이 모인 푸드파크를 조성하여 방문객에게 독특한 맛과 경험을 제공하고, 구단 애플리케이션을 통해 경기 일정, 뉴스, 선수소개 같은 기본 서비스에 더하여 시즌티켓 확인, 쇼핑몰 및 푸드파크 주문이 가능하게 만들었다. 쇼핑몰 및 푸드파크 주문 기능은 이용자의 편의성을 높이면서 상품 판매도 촉진시키는 긍정적인 효과가 있다.

포항스틸러스의 과메기 세트, 쇠돌이와 볼비어의 콜라보레이션 패키지 등은 연고지 특성과 구단의 역사를 활용한 식음료 상품으로 특기할만하다. 또 포항은 도시락 프랜차이즈 업체와 손잡고 감독과 선수의 이름 및 초상을 활용한 독특한 도시락을 출시하기도 했으며, 스마트 스틸야드 앱을 출시하여 홈 경기장 내 다양한 음식을 관중이 편하게 즐길 수 있도록 했다.

국내·외 프로축구의 대중화 및 높은 인기를 바탕으로 유럽식 축구 테마 펍(pub)이나 카페 문화도 형성되기 시작했다. 유럽의 빅리그-빅 클럽일수록 경기장 입장료가 비싼데다 인기도 높아 표를 구하기 쉽지 않다. 그래서 중계방송을 택하더라도 축구를 비롯한 주요 스포츠 경기의 유료 중계가 보편화되어 개인적으로 이용하기보다는 지인과 펍에 모여 식음료도 즐기며 시청하는 문화가 발달되어 있다. 국내에서는 대부분 무료로 스포츠 중계방송의 시청이 가능하고 인터넷 중계도 손쉽게 접할 수 있어 직관을 하지 않는다면 굳이 집 밖을 나갈 필요가 없다. 또한, 축구장 티켓도 큰 부담 없이 구입할 수 있다. 하지만 유럽 축구를 즐기는 특유의 문화와 응원하는 구단이 같은 팬 간의 교류를 원하는 수요가 생기면서 한국형 축구 펍/카페도 조금씩 모습을 드러냈다. FC서울 팬 카페처럼 프로축구단이 직접 나선 경우도 있지만 유럽에서 발달한 스포츠 펍 문화를 경험한 뒤 국내에서 시도하는 개인도 나타난 것이다.

한때 잉글랜드 프리미어리그(EPL)의 명문 축구단으로부터 라이선스(license)를 획득한 프랜차이즈 외식업체가 서울, 대구에서 신개념 스포츠 엔터테인먼트 펍을 표방한 레스토랑 바를 운영한 적도 있다. 하지만 그리 오래 지속되지는 못했다. 또 포항, 전주 등에서 연고 프로축구단을 테마로 한 카페와 펍이 있었으나 아쉽게 문을 닫은 사례는 로컬 펍의 한계를 보여줬다. 이처럼 국내뿐 아니라 해외 축구 콘텐츠를 활용해도 펍·카페 운영은 쉽지 않은 영역이다. 그럼에도 안양펍-리버풀펍, 봉황당, 리버풀 펍 원주 안필드, 할라 사커 펍, 굿넥, 더크래포드 등의 국내 축구 테마 펍을 통해 가능성을 찾을 수 있다.

안양펍-리버풀펍은 2008년 안양일번가에 문을 연 축구 펍이다. 초기 리버풀 등 해외축구 위주의 테마 펍으로 운영하다가 FC안양의 창단과 함께 로컬 펍의 성격이 더해졌다. 축구 경기가 없는 날에는 입맛을 자극하는 음식과 주류, 정기 라이브 공연으로 즐거움을 선사한다. 봉황당 역시 리버풀 테마 축구 펍으로 2016년부터 서울 연남동에서 영업을 개시했다. 리버풀의 오랜 팬인 대표자가 다른 팬들과 함께 소통할 수 있는 공간을 마련했다. 또 강원도 원주시에 위치한 안필드도 리버풀 테마 펍이다. 굿넥은 서울 연남동에 있는 맨체스터 유나이티드 테마 펍이며, 할라 사커 펍은 부산 동래에 위치한 축구 펍이다. 대부분의 축구 펍에서는 다양한 축구 경기를 상시 볼 수 있으며, 매력적인 축구 장식품과 먹거리를 접할 수 있다.

이런 축구 펍의 컨셉을 경기장에 접목한 구단으로는 FC서울이 대표적이다. FC서울은 팬 카페를 비롯하여 홈경기 시 서울월드컵경기장에서 스카이 펍 및 라운지를 운영하고 있다. 해당 공간 이용 시 무제한 맥주와 간식을 즐길 수 있으며, 편안하게 경기 관람과 분위기를 만끽할 수 있는 점이 매력이다. 그 외에도 FC서울과 전북현대, 울산현대 등은 치킨 존이나 치맥커플석 같은 먹거리와 연계한 특별 좌석을 운영하고 있다.

한편, 경기장에도 가변좌석이 설치되는 것처럼 가변음식점을 볼 수 있는데 바로 푸드트럭이다. 수원삼성, FC서울, 강원FC, 인천유나이티드, 아산무궁화, 서울이랜드 등은 푸드트럭을 관중 서비스에 적극 활용하고 있다. 홈경기가 열릴 때면 다양한 먹거리를 푸드트럭 존에서 이용할 수 있도록 운영 중이다. 2017년 인천유나이티드는 루쏘팩토리를 공식 푸드트럭 업체로 선정하고 다채로운 서비스를 추진하기도 했다.

2015년 프로축구단 프런트로 인연을 맺은 두 명의 대표가 공동 창업으로 만든 케이터링(catering) 전문 업체 원더트럭(현 원더박스)도 잘 알려진 푸드트럭이다. 푸드트럭 출장 케이터링과 바비큐 메뉴를 주력으로 스포츠이벤트나 축구장에서 색다른 맛을 선사했다. 또 2017년 탄생한 배가본즈는 세계최초의 축구 푸드트럭이라는 타이틀로 이름을 알리고 있다. 대표 메뉴인 축구공 모양의 축구햄버거와 옐로카드 칩, 포백 소세지, 휘슬스틱 등 특색 있는 메뉴로 축구팬의 관심을 모으고 있다.

경기장 안팎에서 축구팬의 구미를 당기는 먹거리가 늘어났다. 아직 식음료 서비스를 폭넓게 활용하고 있는 프로축구단은 손꼽을 정도지만 점차 확대될 것으로 예상된다. 팬 서비스 차원에서뿐 아니라 성장가능성이 높은 상품군이기 때문이다. 포항스틸러스의 구룡포 과메기 세트처럼 각 구단별 시그니처 메뉴(signature menu) 도입은 또 다른 마케팅 경쟁력이 될 수 있다.

성남FC의 경우 지역의 전통시장과 연계한 특화상품을 개발하기도 했다. 구단과 성남시, 성남상권재단, 전통시장 상인회, 후원사가 힘을 모아 소속 선수를 모델로 내세운 전통시장 대표 먹거리 6종을 선보인 것이다. 남한산성시장의 닭강정 '의조빠닭', 금호시장의 떡볶이 '두현두목떡볶이'처럼 선수들의 이름과 초상을 활용한 네이밍과 광고는 색다른 재미도 안겨줬다. 맛깔스러운 축구장 먹거리 열전은 계속된다.

07.
슈퍼매치 마케팅도 주목하자

　지난 2016년 6월 18일 '슈퍼매치(Super Match)'라는 이름의 축구 축제가 다시 한 번 펼쳐졌다. 당시 서울월드컵경기장에는 2016 시즌 FC서울 홈경기 최다(프로스포츠 역대 9위)인 47,899명의 관중이 들어차며 모처럼 슈퍼매치다운 위용을 자랑했다. 이에 화답이라도 하듯 FC서울과 수원삼성의 선수들은 멋진 경기를 선보였다. 특히, 압권이었던 경기 후반부 양 팀의 공방을 개인적으로 직관할 수 있었다.

　전반까지 팽팽하던 경기의 흐름을 먼저 바꾼 쪽은 FC서울이었다. 후반 29분, 아드리아노가 페널티킥을 성공시키며 홈팬을 열광시켰다. 시즌 9호 골(개인득점 2위)이었다. 그러나 수원삼성도 당하고만 있지 않았다. 후반 36분, K리그 최다 도움의 주인공인 염기훈이 프리킥을 연결시켰고 곽희주가 헤더로 상대 골문에 꽂아 넣으며 경기를 원점으로 되돌려놓았다. 물론 승부에서만 그랬을 뿐 경기장을 찾은 관중은 이미 처음과 다른 재미와 흥분에 흠뻑 빠져있었다.

　서정원 감독의 퇴장, 곽희주의 극적인 동점골과 골 세리머니, 막판에 골포스트를 때린 심우연의 슈팅, 경기 종료 휘슬이 울리자 양 팀 선수 전원 경기장에 주저앉거나 드러눕던 모습은 지켜보는 이들의 마음을 끊임없이 들었다 놨다. 슈퍼매치가 끝나고 "이 경기를 직접 관람하지 않은 사람은 무조건 손해"라는 말이 나온 게 결코 과장이 아니라고 생각했다. 양 팀 감독의 절묘한 지략 대결과 선수단 사이의 불꽃 튀는 자존심 싸움은 FIFA가 꼽은 '아시아 최고의 라이벌전'다운 명승부를 만들어냈다. 그런 슈퍼매치를 경기 외적으로도 돋보이게 한 것은 다채로운 마케팅 활동과 볼거리였다.

사실 K리그 클래식의 리그 운영 방식에 의해 슈퍼매치가 매 시즌 서너 차례씩 이뤄지면서 그 희소성이 줄어들었고 덩달아 폭발적인 반응도 식은 게 아니냐는 말이 나오던 상황이었다. 4~5만 명의 관중을 모았던 전성기와 달리 최근 2만 명대의 관중수를 기록한 점이 근거가 됐다. 역대 슈퍼매치 최다 관중 수는 55,397명으로 2007년 4월 8일 서울월드컵경기장에서 열린 해당 경기를 포함하여 5만 명을 넘긴 경기는 총 3회였다. 2012년 이후로는 5만 명을 넘긴 기록이 나오지 않고 있다.

그를 의식한 듯 FC서울은 경기 전부터 한층 강화된 슈퍼매치 마케팅에 나서기도 했다. 먼저 '더 슈퍼매치, The SUPER MATCH'라는 슬로건을 발표하고 'The SUPER MATCH'라는 타이틀이 문자 그대로 독보적인 브랜드임을 강조했다. 또 '무엇을 더하다'라는 의미의 '더'를 강조하여 보다 향상된 슈퍼매치를 보여주겠다는 의지도 나타냈다. 다양한 프로모션까지 더해졌다. 당시 FC서울 소속이던 윤주태, 박주영 선수와 팬이 함께 SNS으로 실시간 소통하는 온라인 만남이 이뤄졌고 슈퍼매치 홍보 영상이 제작되어 대형마트나 편의점 등 여러 채널로 소식을 전했다. 슈퍼매치 모의고사를 비롯하여 여러 가지 온라인 이벤트도 축구팬들의 흥미를 모았다.

경기 당일에는 서울월드컵경기장 앞에 위치한 FC서울 팬 파크에서 'FC SEOUL THE HISTORY RETRO 유니폼 展'을 열어 색다른 볼거리를 제공했다. 이 행사는 역대 구단 유니폼과 기념물을 시기별로 전시하여 과거의 추억을 꺼내볼 수 있도록 구성하였으며, 슈퍼매치 이후에도 한동안 관람할 수 있도록 했다.

한편, 북쪽 입구에서는 'FM(Football & Music) 서울' 음악공연이 개최되었고 아이들을 위한 미니 축구장 및 에어 미끄럼틀이 운영되어 호응을 얻었다. 또 각종 이벤트 부스가 설치되어 관중을 맞이했는데 'THE 알뜰하게, THE 슈퍼세일' 부스에서는 최대 60%까지 구단용품을 할인 판매했다. K리그 우승 기념 티셔츠, 박주영과 차두리 선수의 초상을 활용한 티셔츠, 아디 버블헤드(피규어) 같은 매력적인 상품은 지나가는 사람들의 발길을 붙잡기에 충분했다. 어린이를 대상으로 한 특별 패키지 상품도 리틀 FC서울 회원 가입으로 이끌었다.

구단 모기업의 여러 관계사도 총출동하여 각종 경품 이벤트를 제공했다. 그를 통해 저마다의 브랜드를 사람들에게 알리고 또 각인시켰다. 하프타임 때는 센터서클에 모기업을 상징하는 대형 로고 현수막이 펼쳐져 관심을 모으기도 했다. 국내 축구장도 훌륭한 선전의 장이 될 수 있음을 새삼 깨달았다. 슈퍼매치나 서울 더비, 수원 더비처럼 K리그 내 이야기가 있는 경기는 단발적인 스폰서십 유치도 충분히 가능하겠다는 생각이 들었다.

또 서울시설공단과 FC서울이 함께 개최하는 '서울컵'이라든지 'FC서울 유소년 축구교실 회원모집', 이어서 홈에서 열릴 FA컵 경기 관련 홍보물도 수많은 관중에게 노출되는 효과를 톡톡히 봤을 것이다.

현장에서 5만 명에 육박하는 관중을 직접 목격하면서 매우 특별한 감흥을 느꼈었다. 응원할 때의 열기는 물론이고 그냥 가만히 있어도 많은 사람들이 내뿜는 그런 압도적인 기운이 가득했다. 수원 서포터스 쪽 좌석이 약간 비어있긴 했지만 서울월드컵경기장은 꽉 찬 느낌이었다. 일부러 서서 경기를 보거나 좌석이 아닌 계단 쪽에 앉아 있는 관중도 다수 있었기 때문이다.

흥미로웠던 점은 특별 좌석의 매진이었다. FC서울의 홈경기에서 일반석/원정석의 기본 입장료(성인 기준 14,000원)는 다른 팀의 그것 보다 높은 편이다. 치킨 존 등 특별 좌석은 일반석보다 2~2.5배 정도 더 가격이 나갔지만 슈퍼매치를 보러 온 사람들은 보다 편안하고 좋은 좌석을 기꺼이 선택했다. 특히, 스카이 박스 형태로 맥주와 팝콘이 무제한 제공되는 스카이 펍(테이블석/테라스석)이나 테이블석(VIP석/가족석)은 모두 매진될 정도로 인기가 많았다.

하프타임 역시 관중을 위한 이벤트가 지루할 틈 없이 이어졌다. 후반 시작 직전에는 '걱정 말아요 그대'가 흘러나왔고 대다수의 관중이 스마트 폰에 불을 켜고 흔들며 노래를 따라 불렀다. 콘서트 현장을 방불케 하는 장관에다가 감성적인 가사까지 어우러져 잔잔한 감동을 선사했다. 1절까지 협조적이던 수원삼성의 서포터스는 끝까지 홈팀의 분위기에 휩쓸리지 않고 다시 자신의 팀을 응원하며 기 싸움을 재개했다. 그 기세나 규모는 마치 수원삼성의 홈으로 착각하게 만들 정도였다.

경기 내내 N석과 S석에서 각자의 팀에 힘을 실어준 수호신(FC서울), 프렌테 트리콜로(수원삼성)를 중심으로 한 서포터스 응원전과 개성 넘치는 깃발 및 걸개도 분위기를 한층 고조시켰다. 붉은색 유니폼을 걸친 FC서울의 서포터스는 마치 불꽃같았고 수원삼성의 서포터스는 파도 같았다. 일반 관중석에서는 응원 열기를 북돋아준 FC서울의 V-걸스와 V-맨 응원단과 마스코트인 씨드의 퍼포먼스도 인상적이었다.

흥분과 아쉬움이 교차하는 가운데 무승부로 경기가 종료되었다. 그러나 슈퍼매치는 거기서 끝나지 않았다. 일반석(E석) 쪽에서 DJ 및 응원단과 함께 애프터 파티가 열려 여운을 되살렸다. 정말 마지막 순간까지 '슈퍼매치는 역시 다르다!'는 생각을 하게 만들었다. 78번째 슈퍼매치 그리고 슈퍼매치 마케팅은 성공적이었다.

08.
J2리그 구단도 배울 점이 있다

2017 시즌 J리그에서 화제를 모은 몇몇 팀이 있다. J1리그의 우라와 레즈는 일본 클럽으로서 2008년 감바 오사카 이후 오랜만에 AFC 챔피언스리그 우승을 차지했다. 한동안 아시아 무대에서 성적이 좋지 않았던 J리그에게는 모처럼 희소식이었다. 한편, J2리그에서는 V-바렌 나가사키를 꼽을 수 있다. J2리그에서도 딱히 주목받지 못한 팀이었지만 시즌 중 13경기 무패행진을 달리더니 극적인 리그 2위 달성으로 첫 J1리그 승격을 이뤄낸 것이다. 구단 경영상의 문제로 인한 어려움을 극복하고 달성한 승격이기에 홈팬에게는 더욱 큰 감동을 선사했다. 시즌 종료 후 연고지역에서는 구단에 감사의 뜻으로 특별표창을 수여할 정도였다.

V-바렌 나가사키의 승격 소식을 접하고서 2014년 일본에서 관람한 J2리그 경기가 떠올랐다. 홈팀은 바로 V-바렌 나가사키였고, 원정 팀은 제프 유나이티드 이치하라 지바였다. 나가사키현 나가사키시를 연고로 하는 홈팀에는 당시 이대헌, 정훈성 선수가 뛰었고 이창엽 코치가 소속되어 있어 개인적으로 더 관심이 갔다. 참고로 나

가사키는 백성동, 박형진, 이용재 등 여러 한국 선수가 거쳐 갔으며, 2017년에는 송영민 골키퍼가 입단하기도 했다. 상대팀인 지바에서는 김현훈, 남승우 선수가 소속되어 있었다.

그날 경기는 전반전에 승부가 갈렸다. 나가사키가 연속으로 2득점에 성공하며 앞서나갔고 전반 종료 직전에 지바가 1골을 만회했다. 후반 들어 지바가 강하게 밀어붙이며 팽팽한 공방이 계속되었으나 추가 득점 없이 홈팀의 승리로 마무리되었다. 아쉽게도 한국 선수들의 출전은 없었지만 아기자기한 경기 자체가 재미있었다. 또한, 마케팅 관점에서도 흥미로운 점이 많았다.

2005년 창단한 나가사키는 3부 리그 격인 JFL(Japan Football League·일본 실업축구리그)에 머무르다가 2013년 J2리그로 첫 승격되었다. 일본 프로축구에서는 역사가 오래된 팀은 아니지만 J2리그 데뷔시즌에 6위에 올랐고 평균관중 6천여 명이라는 준수한 기록을 세웠다. 지바 전에는 100명이 넘는 원정 서포터스를 비롯하여 4천명에 가까운 관중수가 집계되었다. 토요일 오후였음을 감안하면 그리 많은 관중 수는 아니었지만 홈경기장의 분위기는 무척이나 뜨거웠다. 응집효과 때문이었다.

나가사키의 홈팬은 주로 본부석 반대편의 B존과 V-바렌 시트(서포터스석)에 모여 있었다. 여기저기 산재되지 않은 덕분에 중계방송이나 기사 사진을 통해서 보면 흡사 많은 관중들이 모인 느낌이 들게 할 것 같았다. 또한, 서포터스석을 채운 관중들의 비중이 컸기에 응원 분위기는 최고였다. 해당 좌석이 홈 경기장에서 가장 저렴한 이유(성인 기준, 예매 시 1,500엔으로 15,000원 정도)로 선택한 팬도 있겠지만 남녀노소 할 것 없이 유니폼을 입고 전원 기립하여 응원전을 펼치는 모습을 보노라면 홈팀에 대한 애정이 무엇보다 크다는 것을 알 수 있었다.

당시 J리그 경기(성인 1인 기준)의 평균 입장료(15,000~45,000원)는 K리그(8,000~30,000원)와 비교했을 때 높은 편이다. 현지 팬들도 체감하는 비용과 응원 분위기 때문에 서포터스석을 가득 채운 것으로 풀이된다. 더불어 구단의 프로모션도 한몫했다. 나가사키는 경기장에 설치된 풀 HD 전광판을 적극 활용하여 경기 주요장면 리플레이, 축하공연, 선수 인터뷰 등 생생한 볼거리를 제공했는데 홈 서포터스석에서 가장 최적화된 화면을 접할 수 있었다. 또한, 경기 후 선수단과 코칭스태프, 마스코트가 서포터스석 앞에 모여서 감사인사와 함께 춤을 추는 진풍경이 펼쳐졌다. 구단에서 기획한 승리 세리머니의 일환이었다.

경기장 밖에서는 구단 상품 판매가 한창이었다. 나가사키는 J2리그 구단임에도 유니폼, 머플러 같은 기본적인 상품부터 로고, 엠블럼, 마스코트 등 상징물에 따라 다양한 카테고리의 머천다이징을 판매했다. 또 용품판매점에서 고객을 기다리는 것이 아니라 자전거에 상품을 싣고 다니면서 팔거나 선수들이 버스에 오르는 모습을 지켜보려 모인 팬들에게 선수 사인을 받을 때 쓸 수 있는 볼펜, 노트, 팬북 등을 판매하는 적극성을 보이기도 했다. 참고로 이 모든 판매 활동이 잘 교육된 여고생 자원봉사자들에 의해 이뤄져서 더욱 인상적이었다.

그 외 먹거리 가판점과 푸드트럭, 일목요연하게 정리된 후원사 입간판이 눈여겨볼만했다. 특히, 임시 설치된 가판점이지만 구단 상징물로 장식하고 흰색 요리사 복장을 입은 먹거리 판매원, 한국어 메뉴가 있었던 카레점 등이 눈길을 끌었다. 당시부터 이미 푸드트럭을 활용하고 있었는데 전반적으로 깔끔하고 잘 정돈된 느낌이었다.

이제 나가사키는 지역 연고의 홈쇼핑 기업인 쟈파넷의 든든한 지원에 힘입어 구단 역사상 최초로 일본 최상위리그에 나선다. 선수단 전력 강화뿐 아니라 홈팬을 위한 마케팅에도 더욱 신경 쓰는 모양새다. 홈구장인 '트랜스코스모스 스타디움 나가사키'를 재단장하는 과정에서 경기장 내 LED 광고판을 설치했으며, 식음료와 구단 상품도 보강했다. 또 모기업의 여러 채널을 통해서 구단 홍보도 이뤄지고 있다. 언급한 마케팅 포인트가 전혀 새로운 내용은 아니지만 배울 점이 있어 보인다.

09.
부산FC 창단과 축구 협동조합

'Dynamic Blue! Passion Red!' 부산FC가 2017년 1월 공식적으로 창단을 알렸다. 부산진구청에서 개최된 창단식은 내빈 축사, 창단 선포, 엠블럼 및 유니폼 소개, 선수단 및 관계자 인사말, 축하 공연 등으로 진행됐다.

2017년부터 4부 리그 격인 'K3리그 베이직'에 참가한 부산FC는 상위리그인 'K3리그 어드밴스' 승격을 목표로 내걸었다. 사실 구단의 승격이라는 방향도 중요하지만 지역 선수들에게 축구를 지속할 수 있는 기회를 마련해주는 존재 자체로 큰 의미가 있다.

부산시는 대우 로얄즈의 화려한 시절을 함께한 도시지만 지금은 축구판에서 뒤로 밀려나있는 게 냉정한 현실이다. 기존의 부산아이파크(K리그)와 부산교통공사(내셔널리그)가 있으나 인기, 성적 등 다방면에서 각자의 리그를 선도하는 팀으로 보긴 어렵기 때문이다.

리그와 구단의 인기가 시들할수록 선수들은 뛸 맛이 나지 않는다. 그리고 여러 선수들이 뛸 수 있는 실질적인 기회도 같이 줄어든다. 반면, 구단이 창단하는 것은 새로운 직장이 늘어나는 의미가 있다.

물론 그만큼 구단 경영에 많은 돈이 들어가기 때문에 기대와 걱정도 교차한다. 부산FC도 많은 준비 끝에 구단 임원진과 후원단이 힘을 모아 출범시킬 수 있었다.

장기적으로 부산FC는 사회적 협동조합 형태로 조합원을 모아 자금을 충당할 계획을 밝혔다. '진정한 시민축구단'을 표방하며 풀뿌리축구(grassroots)를 지향하는 점에서 부산FC의 정체성을 찾을 수 있다. 연고지역의 축구팬으로부터 금전적인 후원을 받는 대신, 구단 회원권 발급 및 홈경기 연간입장권 지급, 특별회원 자녀 무료 축구교육, 결혼 예정자 경기장 이벤트, 부산FC 가맹점 및 축구용품 할인 혜택 등을 제공한다는 방침이다. 창단식에서도 조합원과 가맹점을 모집했다. 가맹점에게는 부산FC의 홈경기 시 A-보드, 유니폼, 구단 홍보영상 광고를 비롯하여 다양한 프로모션 혜택을 통해 노출효과를 얻을 수 있도록 했다.

그동안 공식리그에 참가하는 축구단의 경우 기업 혹은 지자체 중심으로 운영되는 경우가 대부분이었다. 간혹 K3리그에서는 개인이나 단체가 사비를 들여 구단을 꾸려나가기도 했다. 이런 상황에서 협동조합 형태의 구단이 등장한 것은 그리 오래되지 않은 일이다. 축구단과 연관된 국내 협동조합으로는 서울유나이티드스포츠협동조합, 부천FC 사회적 협동조합, 청주시티FC 사회적 협동조합(구 천안FC 사회적 협동조합) 등이 부산FC 보다 한발 앞서 태어났다.

우선 '협동조합(COOPerative)'이 무엇인지 이해할 필요가 있다. 국제협동조합연맹(ICA; International Co-operative Alliance)은 협동조합을 "공동으로 소유되고 민주적으로 운영되는 사업체를 통하여 공통의 경제적·사회적·문화적 필요와 욕구를 충족시키고자 하는 사람들이 자발적으로 결성한 자율적인 조직(결사체)"라고 정의한다. 우리나라의 협동조합기본법 제2조 제1호에서는 "재화 또는 용역의 구매·생산·판매·제공 등을 협동으로 영위함으로써 조합원의 권익을 향상하고 지역사회에 공헌하는 사업조직"이라고 명시한다.

국내에서는 2012년 협동조합기본법이 제정되고 시행되면서 새로운 전기를 맞이했다. 5인 이상이 모여 협동조합을 만들 수 있게 됐기 때문이다. 초기 스포츠·체육 분야 협동조합은 26개였으나 불과 몇 년 사이에 많은 수로 늘었고 꾸준히 증가하는 추세다. 특히, 최근 들어 스포츠 분야의 사회적 협동조합이 자주 눈에 띈다.

부천FC 사회적 협동조합은 스스로를 "협동조합 중 지역주민들의 권익·복리 증진과 관련된 사업을 수행하거나 취약계층에게 사회서비스 또는 일자리를 제공하는 등 영리를 목적으로 하지 아니하는 협동조합"이라고 정의한다. 일반 협동조합과 달리 사회적 협동조합은 비영리법인으로 배당이 없다. 때문에 공익사업을 40% 이상 수행해야만 한다. 부천FC 사회적 협동조합은 2015년에 문화체육관광부의 인가를 받아서 만들어졌다. K리그 챌린지에 참가하는 부천FC 1995와 별도의 단체로 구분되지만 밀접한 관련이 있다. 주요 사업이 부천 시민구단 활성화를 위한 지원 활동에 있기 때문이다. 관련하여 부천FC 사회적 협동조합은 지역의 축구저변 확대를 위한 유소년 양성 지원, 각종 스포츠 관련 사업, 조합원과 직원 교육, 훈련 및 정보제공, 다른 조합간 협력 사업도 전개한다.

부산FC를 비롯하여 서울유나이티드, 청주시티FC(청주FC와 별개)

의 사례로 보면 K3리그에서는 협동조합형 구단 운영이 비교적 활발한 편이다. 그중에서도 청주시티FC의 발자취는 특기할만하다. 그 전신인 천안FC는 과거 천안축구센터를 홈구장으로 쓰며 활동했던 국내 축구리그에 참가하는 구단 중 최초로 협동조합 형태의 운영 방식을 도입했다. 2007년 일반 팀으로 창단했다가 2012년 12월 천안FC 사회적 협동조합 발기인대회를 개최하였고 이듬해 1월 창립총회를 거쳐 6월에 사회적 협동조합 설립인가를 받았다. 당시 조합원으로는 118명이 참여했는데 선수 생산자조합원(32명), 소비자조합원(63명), 천안FC 직원조합원(4명), 자원봉사조합원(4명), 후원자조합원(15명) 등 여러 구성원의 참여가 인상적이다.

가장 중추적인 활동은 역시 대한축구협회의 공식 리그 참가다. 현재는 청주시티FC라는 이름으로 K3리그에서 좋은 경기력을 선보이고 있다. 각급 유소년 팀을 운영하는 한편, 축구캠프와 축구 체험학습, 자유학기제 축구 프로그램을 진행한다. 조합원으로 가입하기 위해서는 1좌(10만원) 이상을 출자하고 월 회비를 1만원씩 내면된다 (출자금은 조합원 탈퇴 시 반환). 조합원에게 주어지는 혜택은 소액대출 및 상호부조, 축구 관련 상담과 교육·훈련 및 정보제공 등이다. 그 외 정관에 명시된 바에 따르면 지역사회 재생, 지역경제 활성화, 지역 주민들의 권익·복리 증진 및 그 밖에 지역 사회가 당면한 문제 해결에 기여하는 사업을 영위한다. 기존의 시·도민구단과 유사하지만 큰 틀에서 주요 의사결정권이 구단주(지자체장)가 아닌 조합원에게 있는 점이 다르다.

축구팬들이 구단을 만들고 운영에 관여하는 꿈같은 일이 실제로 이뤄지고 있다. 시선을 멀리 돌려보면 가장 성공적인 사례로 스페인의 FC바르셀로나를 들 수 있다. 바르셀로나는 1899년 창단한 이래 현재는 전 세계적으로 소시오(Socio)라는 이름의 조합원을 확보하고 있다. 바르셀로나의 조합원이 되려면 멤버십에 가입(177유로)하여 일정 기간(3년) 지속해야 한다. 그에 따라 구단 선수들에게서 싸인을 받을 수 있는 기회나 각종 이벤트 참여 기회, 구단 월 페이퍼 및 링 톤 다운로드 서비스, 팬 뉴스레터, 티켓과 유니폼 및 홈경기장 투어 할인 등 혜택을 제공받는다. 또한, 투표권이 주어진다. 이달의 베스트 골 같은 이벤트성 투표 참여뿐 아니라 클럽 회장 선거와 같이 굵직한 사안에 대해서도 영향력을 행사할 수 있다. 주식회사의 '1주 1표'와 달리 출자금에 상관없이 '1인 1표'가 주어지는 게 협동조합의 매력이다.

오늘날 FC바르셀로나는 모든 협동조합의 벤치마킹 대상으로 꼽힌다. 국내 축구 협동조합도 운영 모델로 바르셀로나를 빠짐없어 언급하지만 실상은 차이가 있다. 아직까지 국내에서는 협동조합에 대한 관심과 이해가 부족한 실정이며, 재정자립도 역시 가장 큰 문제이다. 가령, K3리그에 참가하려면 등록비 5천만 원에 연회비를 천만 원씩 대한축구협회에 내야한다. 구단 운영비는 별도다. 그런 비용은 협동조합의 출자금, 회비, 후원금, 기타 수익으로 감당해야 하는데 여의치 않다.

천안FC가 청주시티FC로 바뀐 발단도 연고지역의 지원이 중단됨에 따라 재정적 어려움을 겪게 되면서였다. 이후 청주시를 연고로 프로구단 창단을 염두에 둔 SMC엔지니어링이 천안FC를 인수하여 청주시티FC로 재창단한 것이다. 사회적 협동조합이라는 구단 성격을 이어가며 조합원도 1,000여명으로 늘었고 연고지 이전으로 팀의 모습이 과거와 확연히 달라졌다.

협동조합으로 축구단을 운영하기란 여전히 쉽지 않다. 그럼에도 새로운 실험은 계속될 전망이다. 협동조합의 접근성과 발전가능성, 사회공헌적 성격은 자신의 축구팀을 열망하는 이들에게 충분히 매력적이기 때문이다. 좋은 판도 깔린다. 대한축구협회에 따르면 2020년까지 현 K3리그 어드밴스와 베이직이 KFL1~2(3~4부, 가칭 세미프로리그)로 개편되고, KFL3(5부, 가칭 광역 생활축구 리그)와 KFL4(6부, 가칭 시군구 생활축구리그)로 확대되어 3~6부 성인 아마추어 디비전이 구축될 예정이다. 중소규모의 협동조합형 구단이 만들어질 수 있는 좋은 환경이 조성되는 것이다.

또한, 사회적 협동조합 드림허브군산에프에스처럼 다른 종목으로 전파될 수 있다. 사회적 협동조합 드림허브군산에프에스는 2013년 만들어진 협동조합 스포츠제이를 모태로 하며, FK리그에 참가하는 프로풋살구단을 운영하고 있다. 지역 출신 선수들이 뛸 수 있는 발판을 마련해주며 드림 축구교실, 키즈 풋볼 페스티벌, 체육인재육성 사업도 펼치고 있다. 협동조합 스포츠제이는 군산주니어사커클럽팀의 스포츠 강사 및 지도자가 모여 직원협동조합으로 출발한 단체다. 사회적 협동조합 드림허브군산에프에스와 연계하여 유소년 스포츠클럽, 스포츠용품사업도 영위한다.

2017년은 부산시에서 K리그, 내셔널리그, K3리그 홈경기가 모두 열린 역사적인 시즌으로 기록되었다. 부산FC는 부산아시아드 보조

경기장에서 평창FC를 상대로 첫 홈경기를 치른 뒤 데뷔 시즌임에도 준수한 경기력으로 6승 3무 7패를 기록, 6위에 올라 다음 시즌을 기대하게 만들었다. 타 구단과 달리 창단 초기부터 사회적 협동조합이라는 정체성을 갖고 출발한 부산FC의 힘찬 도전이 성공을 거둘는지, 또 어떤 파급효과를 만들어낼지 지켜볼 일이다.

10.
구단 자체 축구대회를 육성하자

매년 인천 지역의 남중생이 기다리는 축구리그가 있다. 유명 프로 축구리그 못지않게 기대를 모으는 인천유나이티드의 미들스타리그가 바로 그것이다. 2004년 개막이래 2017년까지 14회째 지속되고 있는 미들스타리그는 어느덧 전국 최고 수준의 아마추어 학생축구 대회로 여겨지고 있다. 첫 대회 때 인천 지역의 중등 40개교가 참가한 뒤 해마다 참가팀이 늘어나 2017년 84개교가 참가했다.

재미있는 부분은 인천 구단이 대회 규정에서 32강 본선 토너먼트 진출 팀을 가릴 때 승점이 동일한 팀이 발생할 경우 각 참가 학교 별로 인천유나이티드의 홈경기 관람 인원 수 등을 감안하여 진출 팀을 결정하도록 명시하고 있는 점이다. 대회 개최 구단의 홈경기 활성화와 연계한 마케팅 노력을 엿 볼 수 있는 대목이다. 또한, 이 따금씩 대회 타이틀 스폰서(title sponsor)를 유치한 시도 역시 참 신했다.

결승전의 경우 10월경 인천유나이티드의 K리그 클래식 홈경기 직전에 개최함으로써 대회의 상징성을 더했다. 또 상위 입상 팀에게는 스포츠용품이 부상으로 주어지며, 우승팀에게는 해외 축구연수 기회를 부여하는 파격적인 혜택으로 동기부여하고 있다. 각 라운드가 끝나면 대진추첨식과 함께 페이스북 라이브 방송을 하거나 프로 선수 특강 행사 진행, 경기 하이라이트 영상을 제공하는 등 부가적인 콘텐츠도 만들어내고 있다.

참가 학생들의 입장에서 축구를 좋아하는 친구들과 함께 의미 있는 경기를 뛸 수 있고 학창 시절의 특별한 추억도 만들 수 있는 기회의 장이 바로 미들스타리그인 것이다. 게다가 프로 선수를 가까이에서 만날 수 있는 특강 행사를 비롯하여 우승을 하게 된다면 많은 이들이 선망하는 해외 명문 구단까지 경험할 수 있기에 더없이 매력적이다.

구단 입장에서도 축구라는 매개체를 통해 청소년에게 건전한 여가와 건강 증진을 유도할 수 있으며, 구전 및 홍보 효과도 기대할 수 있다. 가령, 2017년 미들스타리그에 참가한 84개교의 팀원들만 해도 꽤 많은 인원이다. 나아가 이들의 가족, 친구뿐 아니라 SNS를 통해 미들스타리그와 주최 측인 인천유나이티드가 자연스레 노출된다. 구단과 관중의 관계가 관람형에 머물지 않고 참여형으로 확장함으로써 유대감과 애착도 커질 것임을 어렵지 않게 예상할 수 있다. 시민구단인 인천유나이티드로서는 지역밀착형 마케팅으로 더없이 좋은 활동인 셈이다. 또한, 여러 언론 매체를 통해서 홍보가 이뤄지게 되면서 구단의 이미지 향상과 관중 유치도 기대할 수 있다. 타 구단에서도 그런 인식을 바탕으로 연고지 내 자체적인 이벤트 리그를 개최하는 경향이 눈에 띈다.

전북현대는 2014년부터 '드림필드리그'를 개최하고 있다. 승부 중심이 아닌 모두가 함께 즐기는 축제의 장을 열기 위한 취지에서 청소년 축구리그를 마련했다. 전북현대의 홈구장이 위치한 전주시 내 중학생들이 참가 대상으로 16개 팀으로 조별 리그전과 본선 토너먼트를 진행하며, 참가비 없이 운영하고 있다. 우전중, 오송중, 서전주중, 온고을중이 역대 드림필드리그의 우승교이다. 전북현대는 홈페이지를 통해서 역대 상위 입상팀과 전체 랭킹, 참가 팀 정보 등을 체계적으로 보여주고 결승전을 클럽하우스에서 개최하며 대회의 권위를 드높이고 있다.

부천FC1995도 중등부축구대회인 '2017 부천FC 틴즈 월드컵'을 개최했다. 대회 방식은 6대6 풋살 경기로 치러졌으며, 참가비는 없었다. 우승 및 준우승 팀에게는 트로피와 부상이 수여되었고, MVP와 참가자 전원에게 선물이 증정되었다. 그 외에도 부천FC1995는 '2017 부천FC1995 헤르메스컵'과 '2017 부천FC1995 레이디스 월드컵'을 개최하여 호응을 얻었다. 한편, FC안양은 2016년 3회까지 'FC안양배 생활체육축구대회'를 개최했다. 또 지역 병원이 주최하고 구단이 주관하며, 연고지가 후원하는 학생축구대회를 열기도 했다.

수원삼성은 '수원삼성 대학챔피언스리그(SUCL; Suwon Samsung University Champions League) 2017'의 본선 토너먼트를 여름 방학 기간에 개최했으며, 대망의 결승전은 수원월드컵경기장에서 열었다. SUCL은 수원 및 인근 지역 내 대학교 축구동아리의 최강자를 가리는 대회로 2015년 출범했다. 대회 기획부터 운영까지 수원삼성의 대학생 마케터인 블루어태커가 참여하고 있어 의미를 더했다. 2016년에는 7개 대학의 170개 팀, 3,200여명의 선수가 참가하며 성황리에 진행되었다. 2017년 대회에는 9개 대학교의 축구동아리가 참가하며 규모가 점점 커지고 있음을 확인할 수 있다. 수원삼성은 지난해 16회까지 '수원삼성블루윙즈배 생활체육 축구대회'도 개최한 바 있다.

FC서울의 서울컵은 2014년부터 해를 거듭하면서 짧은 기간에 유명 대회로 자리매김했다. FC서울과 서울시설공단이 함께 건전한 여가활동 장려와 축구 저변 확대를 위해 서울컵을 공동개최한다. 대회가 펼쳐지는 서울월드컵경기장을 더 많은 사람들이 이용할 수 있도록 개방하는 취지도 있다. 미들스타리그가 청소년부에서 구단 자체 개최로 최대 규모라면 서울컵은 순수 아마추어 및 성인 대상의 축구대회에서 최고 수준으로 손꼽힌다. 2016년에 총 62개 팀이 서울컵에 참가했고, 선수만 1,500여명이 참가했다. 예선전은 4월부터 7월까지 직장인리그, 대학생리그, 여대생리그가 각각 풀리그 방식으로 운영됐다. 본선부터는 토너먼트로 9~12월까지 진행된 바 있다.

'서울컵 2017'에는 직장인 16개 팀, 대학생 16개 팀, 여자부 대학생 8개 팀이 참가했다. 직전 대회 우승팀에게는 자동 참가할 수 있는 기회가 부여되었으며, 직장인 및 대학생 부의 우승팀이 결승전을 벌여 남자부 통합 챔피언을 가렸다. 일반 참가비는 팀당 20만원이다. 수상에 따른 상금은 남자 및 여자 준우승이 200만원, 50만원이며, 남자 및 여자 우승의 경우 400만원 및 100만원이다. 무엇보다 프로 선수마냥 서울월드컵경기장에서 경기를 할 수 있는 부분은 무엇보다 큰 장점이다.

구단에 따라서는 또 다른 연령층을 대상으로 이벤트 대회를 운영하고 있다. 성남FC의 경우 '2017 성남FC 까치컵 키즈리그'를 탄천종합운동장 풋살장에서 개최했다. 초등학교 1~2학년이 참가대상이었으며, 일종의 친선 리그전으로서 각 팀은 골키퍼 포함하여 4인으로 구성되었다. 어린 참가자를 대상으로 하는 만큼 전원에게 기념품 및 성남FC 홈경기 입장권을 증정했고 참가 어린이의 가족이나 보호자에게는 홈경기 관람 할인권을 증정함으로써 관중 확보에도 정성을 들였다. 부천FC1995도 부천시 관내 초등학생을 대상으로 한 '2017 부천FC1995 키즈 월드컵'을 개최했으며, FC서울은 'FC 서울컵 주니어 챔피언십'을 개최한 바 있다.

한편, 제주유나이티드는 2017년 9월 27일부터 10월 1일까지 서귀포시 일원에서 '제주유나이티드 한·중·일 유소년 국제축구대회'를 개최했다. 주최 측은 서귀포시이며, 제주유나이티드와 대한축구협회가 주관을 맡았다. 고등부 팀으로 한국 5개 팀, 중국 4개 팀, 일본 3개 팀이 참가했으며, 우승팀은 제주유나이티드 U-18팀이었다. 2016년에 열린 첫 대회는 12월에 개최되었는데 제주 지역 특유의 온화한 기후와 전지훈련에 좋은 환경 등을 알릴 수 있는 좋은 기회이기도 했다. 제주유나이티드, 상하이 상강, 항저우 그린타운, 가고시마 유나이티드 등의 프로구단 산하 유스팀이 여럿 참가했기 때문에 무게감도 있었고 우수한 선수뿐 아니라 인프라를 알리기에도 좋았다. 또한, 총 12개 팀이 참가함에 따라 선수단 및 관계자까지 400여명이 참가한 것으로 알려졌다. 일반 연고 팬을 대상으로 한 대회는 아니지만 구단의 여건과 필요에 따라 다양한 형태의 이벤트 대회를 고려할 수 있을듯하다.

 이러한 자체적인 대회 개최를 통해 각 구단은 홍보와 연고지의 축구 저변 및 건강한 여가 문화 확산에 기여할 수 있을 것으로 보인다. 나아가 관중 유치와 기타 경제 효과, 우수한 인재 발굴도 기대한다. 이벤트 대회에 참가하는 지역의 (예비)축구팬이 얻는 편익도 크게 다르지 않다. 분명히 구단이 개최하는 이벤트 대회의 매력은 존재한다. 구단의 장기적인 계획과 비전에 따라 지속성과 성과가 달라질 수 있는 부분이다. 하지만 프로축구단이라도 지속적으로 이벤트 대회를 직접 개최하기란 비용이나 인력 면에서 쉽지 않다. 때문에 문화체육관광부나 국민체육진흥공단 같은 관련 기관에서 지원이 이뤄지고 있는데 연고지의 관심도 꼭 필요하다. 지자체뿐 아니라 지역 내 기업이나 사업체에서 작은 단위의 후원도 상호 도움이 된다. 지역민의 관심과 응원도 중요한 역할을 한다. 잘 키운 대회가 구단뿐 아니라 지역의 축제, 명물이 될 수 있다. 그리고 우리의 축구 문화를 풍성하게 만드는 자양분이 된다.

11.
시민구단의 값진 우승

프로축구단의 가치는 다양한 관점으로 봐야 한다. 특히, 지역민을 위한 시민구단(도민구단 포함)이라면 더 그렇다. 각 구단은 연고지의 대표팀으로써 지역을 알리고 하나의 문화를 형성하며 축구인의 일터이자 팬들의 놀이터 역할을 한다. 그런 축구단의 가치를 잘 대변한 사례가 FC안양이다. 안양은 2014년 K리그 챌린지에서 중위권에 머물렀지만 총 200회에 달하는 지역커뮤니티 활동을 펼쳤고 'K리그 사랑 나눔상'을 수상했다. 수상보다 더 값진 성취는 그런 활동을 통해 지역민들의 관심과 지지를 이끌어낸 데 있다.

그럼에도 많은 구단이 중요하게 생각하는 가치는 성적이다. 나아가 우승을 목표로 삼는다. 최고를 가리는 프로의 세계이기 때문이다. 많은 팀들이 우승을 차지하려는 이유 중 한 가지는 '밴드웨건 효과(band wagon effect)'를 활용할 수 있기 때문이다. 축구팬 역시 기본적으로 이기는 팀에 열광한다. 그런 팀들이 대부분 우승도 차지하는데 애착심이 많은 팬이나 미디어의 관심을 집중시킬 수 있어 마케팅 활용도가 높다.

가령, 2014년 K리그 챌린지에서 우승을 차지했던 대전시티즌의 사례는 되새길만하다. 당시까지 1997년 창단한 대전이 보유하고 있던 타이틀은 2001년 FA컵 우승이 유일했다. 그만큼 K리그에서 우승을 차지하기가 어렵다는 방증이다. 특히, 재정이 넉넉하지 않은 시민구단에게는 더욱 꿈같은 일이다. 2005년 리그 준우승에 머무른 인천유나이티드가 그나마 근접했었다. 하지만 지금의 추세를 보면 앞으로 시민구단이 1부 리그 우승에 도전하기란 더욱 어려울 것으로 보인다.

때문에 K리그 챌린지에서 우승을 경험하는 것은 가치 있는 일이다. 2부 리그라도 엄연히 10개 팀이 치열하게 경쟁하는 프로리그다. 어느 팀도 쉽게 우승을 차지할 수 없다. 거기에서 타이틀을 획득했음은 곧 수준 높은 경기력과 지자체, 팬, 후원사의 관심 제고를 담보한다. 2013년부터 2017년까지 군·경팀을 제외한 2부 리그 우승팀은 시민구단인 대전시티즌과 경남FC이다. 시민구단도 할 수 있다는 긍정적인 메시지를 전해주는 대목이다.

2017년 K리그 챌린지 우승을 거둔 경남FC는 많은 이들에게 감동과 희망을 선사했다. 한때 강등으로 인한 해체 위기와 몇 차례의 불미스러운 사건까지 겪었던 시민구단이 창단 첫 우승과 승격을 이뤄냈기 때문이다. 경남은 강등 직후 구단 조직 개편 및 구조 조정, 도의 지원 예산 삭감, 메인 스폰서 확보의 어려움 속에서 여러 선수들이 팀을 떠났고 코칭스태프도 물갈이되었다. 그러다가 경남 지역 출신의 김종부 감독이 선수단 정비에 나섰고 구단 프런트와 팬이 모두 합심하여 값진 결과를 만들어낸 것이다.

또 연말에 열린 시상식에서는 최우수감독상, MVP, 득점상을 경남이 휩쓸었고 베스트일레븐 부문에 이범수, 최재수, 박지수, 이반, 우주성, 정원진, 배기종 등 무려 8명의 선수가 이름을 올려 활약상이 재조명됐다. 특히, MVP, 득점상, 베스트일레븐 공격수에 빛나는 말컹의 존재감은 대단했다. 지난 대전의 리그 우승에 아드리아노가 있었다면 경남에는 말컹이 있었다. 말컹은 K리그 데뷔 첫해 22득점-3도움을 기록하며 팀의 우승을 이끌었다. 게다가 탁월한 팬 서비스를 선보였으며, K리그 상위팀, 일본 및 중국 클럽 등 다른 제안을 거절하고 경남과 다시 손잡으며 실력에 성품까지 인정받았다.

경남FC는 18경기 무패행진 기록, 우승 상금 기부 등 우승을 전후로 많은 이야기를 남겼지만 구단의 자체적인 세리머니는 조금 아쉽다. 정규리그에서 두 경기를 남겨둔 상태로 조기 우승을 확정지었기 때문에 해당 경기 종료 후 현장에서 시상식이 진행되었다. 축포를 터뜨리고 챔피언 티셔츠를 입은 선수단이 서포터스와 함께 기쁨을 나눴지만 이후 경기장을 찾지 못한 경남 팬들이 따로 선수단과 우승 트로피를 볼 수 있는 기회가 없었다. 또 구단이 챔피언 티셔츠와 우승 메달로 구성된 30세트 한정판 기념상품을 판매했지만 너무 적은 수량이었다. 추가적인 우승 기념상품 출시가 필요해 보인다. 더하여 대전시티즌의 K리그 챌린지 우승 후 세리머니도 참고했으면 한다.

대전시티즌은 FA컵 챔피언에 오른 이후 오랜만에 찾아온 절호의 기회를 놓치지 않았다. 발 빠르게 2014년 10월 중순부터 선주문 방식으로 우승기념 티셔츠, 머플러, 모자, 패치 등으로 구성된 한정

판 패키지 판매에 나섰다. 100세트로 한정하여 상품 가치를 높이고 구매자에게는 우승 확정 시 그라운드에서 개최되는 축하행사에 참여할 수 있는 기회를 부여한 점이 인상적이다. 이름하여 '위너스 셀러브레이션 그라운드 참가권'으로 기존에 타 구단이 시도하지 않았던 유료 서비스 개념이라 참신했다.

K리그 클래식 우승팀에게는 '챔피언(champion)'의 칭호가 주어지고 챌린지 우승팀에게는 '위너스(winners)'가 새겨진 원형 트로피가 수여된다. 2013년 처음으로 위너스 타이틀을 획득했던 상주상무도 마케팅 활용에 적극 나선 바 있다. 홈경기 후 우승 기념행사를 진행하면서 불꽃놀이를 더하여 상주를 축제 분위기에 휩싸이게 했다. 또 상주시청에서 우승 환영식을 가진 뒤 홈구장까지 바이크 퍼레이드를 펼치며 눈길을 끌었다. 대전한밭운동장에서 펼쳐진 대전시티즌의 우승 세리머니도 비슷한 분위기였다. 시상식과 함께 불꽃쇼가 하늘을 수놓았다. 이후 서포터석 앞으로 이동한 선수단은 관중들과 기념사진을 촬영하며 색다른 순간을 선사했다. 이관우, 최은성 등 팀을 거쳐 간 선수들의 축하 영상도 뜻깊었다.

공식적인 행사로서 세리머니가 끝났어도 경남FC와 팬들은 좋은 분위기를 더 이어가도 좋겠다. 현장에서 감격적인 순간을 함께하지 못한 팬들도 있을 것이고 값진 우승을 기념하는 여러 가지 이벤트와 상품을 만들어 그 가치를 극대화할 수 있기 때문이다. 가령, 디지털 음원을 출시하면 어떨까? 2013-14 시즌 UEFA 챔피언스리그에서 10번째 우승, 일명 '라 데시마(La Decima)'를 차지한 레알 마드리드가 기념 음원을 냈고 대박을 낸 사례도 있다. 국내에서는

K리그 서포터스 연합회가 헌정 앨범을 직접 제작한 바 있으며, 과거 수원삼성의 서포터스인 그랑블루가 팀 주장을 위한 '염기훈 송 (Here have to go)'을 유료사이트에 출시하기도 했다. 대전시티즌도 지역 출신의 밴드 및 서포터스와 함께 클럽송 작업을 해본 경험이 있다. 꼭 수익을 기대하지 않더라도 구단의 우승을 기념하는 노래가 여기저기서 들린다면 부가적인 홍보 효과가 생길 것이다.

클럽하우스나 홈구장을 개방하여 선수단과 팬이 함께하는 자축 파티를 여는 이벤트도 기대해볼만하다. 새로운 시즌을 맞이하여 출정식을 겸하는 방법도 있다. 팬들은 팀의 우승을 함께 경험하며 자부심과 애착이 강해진다. 더군다나 힘든 시절을 함께하며 일궈낸 경사이기에 더욱 끈끈해진다. 그동안 부족하던 우승 타이틀을 채웠으니 팀 이미지와 재정은 한층 강화될 것이다.

다만 마케팅 인력의 충원이 절실하다. 경남FC가 1부 리그로 돌아간 만큼 수준에 맞는 마케팅도 뒷받침되어야 한다. 팬심을 잡기 위해서는 이기는 경기, 재미있는 경기가 필요한데 이는 선수단의 역할이다. 또한, FC안양의 사례처럼 구단 활동이 더해져야 하는데 그 주축은 프런트다. 경기는 이기거나 질 수도 있는 변동성이 크다. 관중들에게 경기만으로 감동을 주기 어렵다. 때문에 꾸준한 구단의 마케팅이 뒷받침되어야 한다.

마케팅은 이벤트와 홍보 활동을 하는 게 전부가 아니다. 구단의 가치와 효율성을 극대화할 수 있는 기획에서부터 시작되며, 일련의 실행 과정을 모두 아우르는 것이다. 예산이 부족하다면 차선책으로 기존에 운영하던 대학생 프런트나 인턴십을 적극 활용해서라도 마케팅 인력을 늘려야 팬을 모으고 구단이 산다. 급격히 달라진 상황에 맞는 새 계획을 세워야 한다. 그 시작은 마케팅으로 하며, 끝은 사람을 향해야 할 것이다. 내용을 채우는 일은 구단의 구성원이 함께 감당할 몫이다.

'백년대계(百年大計)'라는 말이 있다. 백 년을 내다보고 세우는 큰 계획이라는 뜻이다. 당장의 결과에 연연하지 않고 옳은 방향으로 전진하기 위해 토대를 굳건히 만들어가야 하는 일이 있다. 축구단 운영이 그렇다. K리그 시민구단들이 롤 모델로 삼는 대표적인 구단이 FC바르셀로나다. 그 이유는 여러 가지를 꼽을 수 있겠지만 현재의 모습만 볼 것이 아니라 100년이 넘는 역사에 주목해야 한다. 세계적인 명문구단의 성공을 벤치마킹하고 싶다면 그에 못지않은 시간을 투자해야 마땅하다. 그러나 안타깝게도 국내 구단들은 10년 앞을 내다볼 여유조차 없는 게 현실이다.

경남FC도 창단 10주년이 되는 시점에 해체 위기를 겪고 또 첫 우승과 승격을 달성하리라는 예상을 하지 못했을 것이다. 이제라도 길게 보고 새로운 계획을 세워야 할 때이다. 2014년 대전시티즌의 서포터스가 경기장에 달았던 걸개의 구호인 '당장의 승격보다 대전의 100년을'이 올바른 방향성을 제시한다. 속도보다 방향, 성공보다 성취야 말로 모든 구단이 새겨야 할 덕목이다. 우승이 성공이라면 우수한 유스 선수를 양성하고 팬을 늘리는 게 성취다. 성공을 계속 이루기는 어렵지만 성취는 꾸준히 달성할 수 있는 것이다. 언젠가 다시 강등되는 날이 오더라도 흔들리지 않으려면 결국 연고 팬들의 굳건한 사랑을 받는 팀이 되는 게 정답에 가깝다.

제2장

단체

01.
FIFA 마케팅

2017년 대한축구협회(KFA) 정몽규 회장이 국제축구연맹(FIFA) 평의회 위원에 당선되었고 안방에서 FIFA U-20 월드컵이 개최된 만큼 FIFA에 대한 관심도가 다시 높아졌다. 특히, FIFA가 2026년 월드컵 본선부터 참가국을 48개국까지 확대하기로 했고, 미국·캐나다·멕시코가 2026 월드컵을 공동 유치하기로 선언함으로써 더욱 축구팬들의 흥미를 모았다.

이런 분위기는 한국축구계에 시사점을 제공한다. 일단 가까운 곳에서 큰 영향을 발휘하는 중국이 2030년이나 2034년 월드컵 유치를 위해 본격적으로 움직이고 있다. 중요한 점은 한국축구 또한 2030년을 겨냥해 다시 한 번 월드컵 유치에 뛰어든다는 것이다. 특히, 정몽규 회장이 평의회 위원 당선 직후 중국, 일본뿐 아니라 북한과도 2030년 월드컵을 공동 개최를 할 수 있음을 표명하면서 향후 귀추가 주목된다.

메가스포츠이벤트(mega sports event)인 FIFA 월드컵 유치는 각국 축구협회장이라면 누구나 원하며, 관련 언급도 할 수 있다. 하지만 평의회 위원으로서 전하는 말은 무게감에서 다르다. FIFA 평의회 위원 당선이 갖는 의미를 이해하기 위해서는 FIFA의 의사결정 구조와 개혁 과정을 살펴봐야 한다.

2010년 12월로 거슬러 가보자. 당시 총회 기간에 FIFA 회장과 8명의 부회장 그리고 14명의 집행위원회 위원이 무기명 투표로 2018년과 2022년 월드컵의 개최국을 선정했다. 각각 이뤄진 투표에서 최종 과반을 득표한 러시아와 카타르가 차기 FIFA 월드컵 개최권을 획득했다. 당시 레이날드 테마리 부회장(타히티)과 아모스 아다무 위원(나이지리아)은 2010년 월드컵 개최지 선정 관련 비리 문제로 이미 직무정지를 당해 투표에 참여하지 못했다. 특히, 카타르의 2022년 월드컵 개최에 대한 논란은 끊이지를 않았다. 기후와 경기장 건설 과정에서 발생하는 인권 문제를 비롯하여 여러 가지 면에서 월드컵이 열리기 어려운 조건이지만 조제프 블라터 전 FIFA 회장은 카타르의 개최를 지지했다. 실제로 월드컵 유치 과정에서 로비 정황과 2011년 5월 FIFA 회장 선거 관련 뇌물 제공 혐의가 드러난 모하메드 빈 함맘(카타르)은 아시아축구연맹 회장직과 FIFA 집행위원회 위원직을 모두 내려놓아야 했다.

그동안 무성하던 FIFA 회장과 수뇌부의 부정부패 문제는 점차 표면화되기 시작했다. 오랫동안 FIFA 월드컵 개최지 선정, 중계권료 나 스폰서십 계약 등이 불투명하게 이뤄진 탓인데 2001년 파산한 유명 스포츠마케팅 기업인 ISL과 FIFA의 은밀한 관계가 대표적이다. 2012년 7월 스위스 최고 법원은 주앙 아벨란제 전 회장과 그의 사위인 히카르도 테이세이라 전 FIFA 집행위원(브라질축구협회장으로써 2014년 월드컵 조직위원장 역임)이 1992년부터 2000년까지 ISL로부터 거액의 뇌물을 수수했다는 문건을 공개했다. 이후 주앙 아벨란제는 FIFA 명예회장직을 박탈당했으며, 조제프 블라터도 비리에 연루되었다는 의혹이 강하게 일었다.

2015년 5월에 있었던 FIFA 회장 선거과정에서 심각한 분위기는 최고조에 이르렀다. 조제프 블라터는 FIFA 회장직의 5선에 성공했으나 얼마 지나지 않아 불명예스럽게 물러나야했다. FIFA 사무총장 시절부터 회장 재임 때마다 각종 비리와 연관되어 있다는 혐의와 비난 여론이 발목을 잡은 탓이다. 또 스위스 검찰의 FIFA 임원 체포, 미연방수사국(FBI)의 FIFA 전·현직 임원 기소에 이어 미국 검찰이 제롬 발케 전 사무총장이 2010년 월드컵 개최지 선정 과정에서 거액의 뇌물을 받아 일부 집행위원에게 전달한 혐의로 수사에 박차를 가한 게 결정적이었던 것으로 보인다. 결국 축구 밖 권력에 의해 FIFA의 치부가 드러나기 시작한 것이다. 이는 회장과 집행위원회의 권력 아래에 있는 FIFA가 자정 능력을 상실했음을 보여주는 대목이다.

FIFA를 둘러싼 부정부패로 인해 권위 추락, 신뢰 상실 같은 무형적 피해부터 스폰서 기업 이탈, 대회 보이콧 등 직접적인 피해와 페어플레이를 강조하는 축구 자체의 근간을 흔드는 심각한 상황에 직면했었다. FIFA는 앞서 임시 총회를 열고 '2016 FIFA 개혁위원회(2016 FIFA Reform Committee)'를 설치하였다. FIFA 개혁위원회는 2015년 12월 세 가지 원칙을 골자로 한 보고서를 제시했다. 첫째는 리더십의 영향력 조정이며 둘째, 조직구조 개편, 셋째로

FIFA 회원국 및 이해관계자의 참여 확대이다. 이를 바탕으로 2016년 2월 FIFA는 회장 선거에 앞서 FIFA 회장, FIFA 평의회 위원, 사법기구와 감사 및 준법감시위원회 위원의 임기를 최장 12년(3회 연임)으로 제한하고 집행위원회를 폐지하는 개혁안(2016 FIFA Reforms)을 총회에서 통과시켰다.

그동안 FIFA 회장의 주도 아래 주요 의사결정을 내려왔던 집행위원회는 이제 사라지고 총회의 투표로 선출되는 37인(회장 포함)의 FIFA 평의회로 대체되었다. 기존에 26개이던 상임위원회도 대폭 축소했다. 평의회 체제에서는 아시아와 아프리카의 입지가 전보다 향상된다. 마찬가지로 오세아니아축구연맹의 존재감도 커졌는데 상대적으로 유럽의 영향력은 감소한 편이다. 또 여성의 참여 확대를 위해 평의회에 연맹별 최소 1명씩의 위원을 포함시키기로 했다. 그러한 변화를 통해 FIFA의 의사결정 과정에서 다양한 의견과 문화·환경적 요소를 반영하고 의사결정의 합리성을 높이고자 하는 시도로 보인다.

FIFA 평의회 구성 변화

대륙별 연맹	부회장 수(A)	위원 수(B)	평의회 위원 수(A+B)
남아메리카축구연맹(CONMEBOL)	1명	2명 → 4명	5명
아시아축구연맹(AFC)	1명	3명 → 6명	7명
유럽축구연맹(UEFA)	3명	5명 → 6명	9명
아프리카축구연맹(CAF)	1명	3명 → 6명	7명
북중미카리브해축구연맹(CONCACAF)	1명	2명 → 4명	5명
오세아니아축구연맹(OFC)	1명	0명 → 2명	3명

이런 배경에서 정몽규 회장의 당선은 여러모로 의미가 있다. 우선 정몽준 대한축구협회 명예회장이 1994년부터 2011년까지 부회장으로서 FIFA 집행부에 속했던 이래 한국인으로는 두 번째이다. 다시 FIFA에서 한국축구의 목소리를 높일 수 있는 절호의 기회를 맞이한 것이다. 정몽준 명예회장이 FIFA 부회장 재임기에 2002년 한·일 월드컵 유치에 공헌한 바는 익히 알려져 있다. 당시 그가 FIFA 부회장이 아닌 대한축구협회장의 이름으로만 움직였다면 많은 지지를 이끌어내기 어려웠을 것이다. 이제 211개국의 회원국(축구협회)을 대표하는 의사결정 집단인 FIFA 평의회 안에서 각 대륙별로 막강한 영향력을 발휘하는 위원들과 동등하게 교류할 수 있음은 매우 긍정적이다.

FIFA의 여러 축구개발 프로그램과 이벤트 유치는 물론이고 월드컵 같은 주요 대회를 유치하려면 FIFA 내 많은 지지와 긍정적 여론이 필요하다. 따라서 월드컵 유치를 위해 정몽규 평의회 위원이 해야 할 일은 아시아에서 영향력을 확보하는 것이다. 그는 AFC 임원도 맡고 있으며, 아시아에서 높은 수준으로 인정받는 한국축구를 이끌고 있는 수장이다. 하지만 외교·경제적 측면에서 중국·일본 축구의 영향력보다 상대적으로 밀리는 모양새다. 여기서 중요한 점은 현실을 인정하고 적절한 대응을 하는 것이다.

한·중·일 그리고 북한의 월드컵 공동유치 가능성이 언급된 것도 같은 맥락으로 보인다. 물론 중국은 2030년 혹은 2034년 월드컵의 단독 유치를 희망하고 있지만 한국의 지지 역시 필요한 입장이다.

또 한국이 주변국과 먼저 연대를 이룬다면 중국도 합류할 가능성이 충분하다. 한국은 FIFA 월드컵 역사상 최초로 공동 개최를 이룬 전례를 남겼으며, 그런 경험은 분명 특별하게 여겨진다. 미국·캐나다·멕시코의 2026년 월드컵 공동 유치안에도 중대한 영향을 미쳤다.

사실 FIFA는 2002년 이후에도 월드컵의 전통, 이권분배 등 몇몇 이유에서 공동 개최에 부정적인 입장이었다. 하지만 월드컵 개최 전후로 발생하는 지속적인 비용 문제나 수익 확대 그리고 국제올림픽위원회(IOC; International Olympic Committee)의 '올림픽 아젠다 2020(Olympic Agenda 2020)' 도입의 영향으로 변화가 예상된다. 특히, 올림픽 아젠다 2020은 IOC가 올림픽 경기를 개최도시 인근 지역뿐 아니라 타국에서도 분산 개최가 가능하도록 한 내용을 담고 있으며, 이는 '1국 1도시' 개최 원칙을 중시하던 올림픽의 개최 비용 절감을 위한 개혁안으로 큰 의미가 있다. 비용 절감 외에도 FIFA가 주목하는 부분은 공동 개최를 통한 시장 확대이다. 공동 개최를 통해 중계권료, 입장권 및 머천다이징 판매 수익, 기타 부가수익을 창출할 수 있기 때문이다.

2030년의 경우 FIFA 월드컵이 100주년을 맞이하는 특별한 의미를 갖고 있는 점도 주목할 만하다. 2018년 러시아(유럽), 2022년 카타르(아시아)에 이어 2026년 월드컵을 미국·캐나다·멕시코(북중미)가 개최한다면 이어서 남미가 월드컵 개최권을 가져갈 공산이 크다. 또한, 차기인 2034년 월드컵 유치는 유럽과 아시아가 경합해야 할 수도 있다. 만약 아시아 내에서도 경쟁자가 존재함으로써 표가 분산된다면 월드컵 유치는 더욱 어려워진다.

따라서 중국이 단독 유치에서 공동 유치로 선회할 수 있도록 정몽규 위원이 장지안 위원(중국)과 다시마 고조 위원(일본) 사이에서 중간자 역할을 잘 취해야한다. 그러한 협력 관계를 바탕으로 꼭 월드컵이 아니라도 2023년에 열릴 FIFA 여자월드컵과 AFC 아시안컵 같은 주요 대회를 한국에서 개최하는 것도 나름의 소득이다.

장기적으로는 FIFA 집행부 임기 연장을 위한 역할이 있다. 우선 정몽규 회장이 재임으로 임기를 연장하는 방법이 있을 것이다. 나아가 FIFA 부회장과 회장도 노려볼만하다. 한국인 FIFA 회장은 전혀 허무맹랑한 이야기가 아니다. 실제 2015년 정몽준 명예회장이 FIFA 회장 선거에 출마 선언한 사례가 있기 때문이다. 결과를 떠나 그 과정에서 한국축구에 많은 이목을 집중시키며 홍보효과를 누리기도 했다.

본임의 임기 연장이 아니어도 후임을 위해 터를 닦아줄 수도 있다. 국제 스포츠 행정가 양성의 산실인 'FIFA 마스터코스(FIFA Master Course)'를 졸업한 뒤 KFA 유스전략본부장으로 선임된 박지성이 대표적인 후보자다. 데얀 사비세비치(몬테네그로) 평의회 위원을 비롯하여, FIFA 상임위원회 위원으로 카푸(브라질), 반 데 사르(네덜란드), 다보르 수케르(크로아티아), 하비에르 사네티(아르헨티나), 미아 햄(미국), 쑨원(중국) 등이 활동하고 있다. 이들은 과거에 축구선수로 명성을 날렸으며 앞으로는 축구행정가로 활약이 기대되는 인물들이다. 한국축구계에도 좋은 본보기라 여겨지며, 더 많은 FIFA 진출이 이뤄지면 좋겠다.

02.
국내축구의 멋진 타이틀
네이밍을 기대하며

한국축구계는 유난히 '도전(challenge)'을 좋아한다는 생각이 들었다. 첫 승강제를 앞둔 2012년 한국프로축구연맹이 공모를 통해 K리그의 2부 리그 명칭을 'K리그 챌린지'로 정했을 무렵에 든 생각이었는데 당시 K리그 유스 클럽(U-18) 리그인 '챌린지리그'와 4부 리그 격인 '챌린저스리그(현 K3리그)'가 이미 존재한 까닭이다. 챌린저스리그도 대한축구협회의 명칭 공모로 정해진 바 있다. 리그 명칭이 품고 있는 의미는 좋지만 비슷한 이름으로 인해 헷갈리는 경우가 종종 발생했다. 상징성은 있으나 차별성이 부족했다는 이야기다.

2014년이 되면서 연맹이 나섰다. 연맹 주관의 K리그 챌린지와 챌린지리그의 명칭이 유사한 점을 개선하고자 아이디어를 모은 것이다. 그리고 챌린지리그의 새로운 이름을 'K리그 주니어'로 낙점했다. 여론을 참고는 해야겠지만 공모를 통한 네이밍이 항상 좋은 결과를 도출하는 것은 아니다. 성인 무대로 진출을 앞둔 선수들이 뛰는 리그에 적합한 명칭인지 조금 아리송하다. 의미도 중요하지만 브랜딩을 고려한 타이틀 네이밍이 더욱 아쉽다.

'브랜드(brand)'란 다른 상품과 구별할 수 있도록 이름, 표식, 상징 등을 나타내는 광범위한 개념이다. 세계적 스포츠이벤트인 월드컵(World Cup)이나 슈퍼볼(Super Bowl) 같은 명칭은 간결하면서 기억하기 쉽다. 그러면서도 차별화된 의미를 전달한다. 특히, 월드컵은 트레이드마크(TM)를 획득하여 그 명칭 자체가 큰 상품성을 띄며 다양한 상품에 접목된다. 초기 월드컵은 엄밀한 의미에서 세계적인 규모의 대회가 아니었다. 유럽과 남미를 주축으로 대회가 진행되었기 때문이다. 그럼에도 지향점을 반영하여 월드컵이라는 거창한 이름이 만들어졌고 지속되면서 실제로 세계적인 대회로 자리 잡게 되었다.

성공적인 브랜딩을 위해서는 역시 브랜드를 만드는 일, 즉 타이틀 네이밍을 잘하는 것이 첫 번째 순서다. 그 다음은 역사와 이야기를 축적해 나가는 게 중요하다. 일단 확정되어 사용 중인 대회 명칭이 더 이상의 개명 없이 전통을 이어나갔으면 했다. 하지만 연맹은 2018 시즌부터 기존 'K리그 클래식'을 'K리그1'으로, 'K리그 챌린지'를 'K리그2'로 다시 명칭을 변경하기로 했다. 아쉬움이 남는 결정이었다.

한편, 오히려 명칭 변경을 재고할만한 대회가 한 가지 남아있다. 바로 대한축구협회의 FA컵인데 1946년부터 시작된 '전국축구선수권대회'가 그 모태이다. 1996년 들어 FA컵이라는 명칭으로 새롭게 거듭났으나 타이틀 네이밍이 옥의 티다. 일단 'FA'는 잉글랜드 축구협회(The Football Association)를 연상시킨다. 실제로 잉글랜드에서 1872년 창설된 FA컵은 현재도 열리고 있어 우리네 컵대회 명칭을 아류의 느낌이 들게 한다.

FA컵 수준의 대회라면 국가명이나 축구협회명을 붙여서 네이밍하는 것이 일반적이다. 멀리 가지 않더라도 주변국의 사례를 참고할 수 있다. 중국의 'CFA컵(China Football Association Cup)'이나 호주의 'FFA컵(Football Federation Australia Cup)'은 자국 축구협회명이 붙여진 형태다. 일본의 일왕배는 국가적 상징성이 반영된 명칭이다. 특히, 일왕배는 1969년부터 새해 첫날 도쿄국립경기장에서 결승전을 개최하는 전통까지 정착시키며 브랜딩에 성공했다.

대한축구협회(Korea Football Association)가 개최하는 컵대회인 만큼 최소한 'KFA컵'이 되어야 마땅하지 않겠는가. 아니면 국내 프로야구가 '한국시리즈(Korean Series)'라는 챔피언결정전 명칭을 쓰듯이 국가명을 사용하여 '한국컵(Korea Cup)'이라고 부를 수도 있겠다. 전처럼 공모를 통해 중지를 모으는 방법도 있다. 어쨌거나 의미와 출처가 불분명한 명칭 대신 우리의 정체성이 반영되고 멋진 브랜딩이 가능한 새로운 이름이 필요하다.

03.
K리거 유출은 위험한 기회다

2015년 여름 이적시장이 열리자 K리그에서 활약하던 선수들이 급작스레 타 리그로 이적했다. 수원삼성의 주축 공격수로 뛰었던 정대세는 일본 J리그의 시미즈 S-펄스로 떠났고, 당시 전북현대에서 대활약 중이던 에두는 중국 2부 리그(갑리그)의 허베이 화샤싱푸로 팀을 옮겼다. FC서울의 고명진(알 라이얀)과 제주유나이티드의 이용(알 코르)은 카타르행을 택했다.

시즌 중반에 벌어진 굵직한 이적이라 팀과 팬 입장에서는 당황스러운 일이었다. 특히, 감독의 입장에서는 전력 손실로 인해 경기력 및 성적 등에서 직접적인 타격을 입을 수도 있었다. 이후에도 매 시즌마다 국내에서 좋은 경기력을 보인 선수들이 일본이나 중국, 중동으로 빠져나갔다. 여러 매체에서는 K리거 유출을 빗대 '엑소더스(exodus)'라는 표현과 함께 우려 섞인 목소리를 쏟아냈다.

분명, 유출의 관점에서 본다면 국내 프로축구의 위기를 거론하는 게 과하지만은 않다. 하지만 지나치게 부정적인 시선을 부각할 필요는 없다. 관점을 달리하면 위기를 '위험한 기회'로 볼 수 있기 때문이다. 인식의 전환이 필요한 상황이다. 우선 다른 리그로 이적하는 K리거를 막기 어려운 흐름을 인정해야 한다. 아시아권만 놓고 봐도 중동 축구는 오일 머니를 앞세워 선수들을 유혹한다. 그리고 중국축구가 가세했다. 최근까지 외국인 선수의 영입에 엄청난 자금을 쏟아 부으며 전 세계 축구계의 관심을 받았다. 중국 슈퍼리그(CSL; Chinese Super League)의 무대를 밟은 유명 외국인 선수로는 호비뉴, 파울리뉴, 힐크, 오스카, 조, 하미레스, 파투(이상 브라질), 테베즈, 라베치(이상 아르헨티나), 잭슨 마르티네즈(콜롬비아), 제르비뉴(코트디부아르), 뎀바 바(세네갈), 아사모아 기안(가나), 존 오비 미켈, 오바페미 마틴스(이상 나이지리아), 구드욘센(아이슬란드) 등이 있다.

중동이나 중국만큼은 아니지만 일본의 J리그도 디에고 포를란(우루과이), 루카스 포돌스키(독일) 같은 이름값 높은 선수를 영입할 수 있는 여력이 충분하다. J리그는 출범 초기에 스타 마케팅의 일환으로 유명 선수를 영입하다가 한동안 자국 선수 육성 및 활용에 초점을 맞추는 선진화 정책으로 전환했었다. 그러나 대외적인 클럽대항전에서 부진이 계속되었다. 마침 J리그로 자금이 유입되면서 다시 우수 선수 영입에 나서는 모양새다. 더하여 선진화된 리그 시스템과 인프라의 뛰어난 수준은 해외 선수에게 충분히 매력적인 요소로 여겨질 듯하다.

막강한 자금력으로 선수를 유혹하는 인근 리그와 대조적으로 K리그는 허리띠를 졸라매고 있다. 프로 선수라면 더 좋은 조건을 제시하는 쪽으로 마음이 향하는 게 당연하므로 선수 유출이 발생하게 되고 그에 따른 경기력과 인기 저하를 걱정하는 목소리가 나온다. 의견이 분분하지만 한국프로축구연맹이 2013년부터 선수 연봉을 공개하기 시작했던 게 결정적인 원인으로 여겨지는 듯하다. 여전히 연봉 공개를 비판하는 여론이 있으나 구단과 리그의 재무건전성을 위해서라면 꼭 필요한 정책이다. 호주 A리그는 연봉 공개 보다 더 강도 높은 '샐러리캡(salary cap·연봉총액상한제)'을 통해 각 팀당 선수 연봉의 총액을 제한한다. 그 와중에도 A리그는 2014 시즌 AFC 챔피언스리그에서 웨스턴 시드니 원더러스 같은 우승팀을 배출한 바 있다.

포항스틸러스도 이미 모범적인 선례를 보여준 바 있다. 2013년 당시 포항의 지휘봉을 잡고 있던 황선홍 감독은 순수한 자의가 아닌 구단의 예산 사정으로 외국인 선수나 소위 말하는 특급 스타 없이 시즌을 치렀다. 하지만 결과는 '더블'을 달성한 것이었다. 포항의 전통 깊은 유스 시스템이 낳은 선수들의 실력과 팀웍에 감독의 탁월한 지도력이 결합된 덕분이었다. 축구는 스타 선수 혼자서 하는 게 아니다. 과거에도 유명 선수가 한국을 떠날 때마다 우려가 있었지만 또 다른 스타가 나타났고 축구는 계속되었다. 오히려 주축 선수가 빠졌다고 해서 전력이나 인기가 급감한다면 팀에 문제가 있는 게 아닌지 반성과 변화의 계기로 삼아야한다. 또 상대적으로 알려지지 못했던 선수들에게는 좋은 기회다.

연맹은 1부 리그의 팀들이 매 경기 23세 이하 선수 2명 이상을 명단에 포함시키고, 그 중 한 명은 반드시 선발 출전시키도록 하고 있다. 2부 리그는 그 대상을 22세 이하로 한 살 더 낮췄다. 제도적인 뒷받침 덕분에 이재성, 이주용(이상 전북), 손준호(포항), 황의조(성남), 권창훈(수원삼성) 같은 젊고 새로운 얼굴들이 빛을 볼 수 있었다. 프로리그 밖으로는 선수들이 더 많다. 매년 수많은 선수들이 K리그의 문을 두드린다. 경쟁력 있는 선수를 계속 해외로 배출하고 그 자리를 대체할 선수를 찾는 것이 프런트와 스카우터, 코칭스태프의 임무다.

프로 선수라고 해서 모두의 기량이 만개했다고 말하기는 어렵다. 훌륭한 감독이라면 선수의 능력을 계속해서 이끌어낼 수 있어야 한다. 단순히 완성형의 선수들로 경기하는 게 감독의 역할은 아닐 것이다. 선수 이적은 새로운 도전을 요구하지만 이 없이 잇몸으로 때우는 과정을 통해 감독의 선수단 운영과 지도 능력을 배양시키는 기회가 된다. 물론 구단은 선수 이적에 따른 전력 변화를 감안하여 감독을 평가해야 선수 이적에 따른 불만이 줄어들 것이다.

선수 이적에서도 특히나 해외 이적의 활성화는 축구 매체와 중개 비즈니스의 발전에도 긍정적이다. 축구 저널리스트인 존 듀어든은 자신의 칼럼을 통해 한국축구계의 이적 시장이 너무나 조용하다고 지적한 바 있다. 경제적인 침체로 모기업의 지원이 줄어들면서 여러 구단들이 더욱 지출을 줄이기 시작했다. 시즌을 통틀어 국내에서의 이적이 활발하지 않다보니 대서특필 할 만 한 뉴스거리가 부족한 실정이다. 이는 리그 차원에서도 부정적인 현상이다. 대신 해외로 이적하는 선수들이라도 많아져서 매체가 축구 소식을 다루게 된다면 팬들의 관심도 환기시킬 수 있다.

과거 선수 에이전트에서 현재 중개인으로 활동 중인 이들의 관점에서도 생각해보자. 기존의 난관이었던 자격시험이 사라지면서 더욱 다양한 중개인이 나타나기 시작했다. 국내 선수의 해외 진출이나 이적도 늘어나는 흐름이 맞물려 유능한 전문 인력과 에이전시가 나타날 것으로 기대된다. 고액의 이적료를 주고 데려간 K리거의 사례가 쌓일수록 국내 리그와 선수들의 가치도 동반 상승하게 된다. 해외 진출을 노리는 후반주자들의 몸값 상승에 좋은 근거가 형성되는 것이다. 구단과 감독, 선수도 중개인을 긍정적으로 받아들이고 그들의 능력을 선수 이적 비즈니스에 활용하는 편이 낫다.

선수 유출이 거스를 수 없는 흐름이라면 대안을 찾고 기회로 만드는 게 현명하다. 선수 이적으로 돈을 버는 대표적 '셀링 리그(selling league)'인 포르투갈이나 네덜란드 리그도 벤치마킹할 필요가 있다. K리그 구단의 주머니 사정을 감안한다면 선수를 무기력하게 뺏기지 않고 차라리 잘 내어주는 비즈니스 관점에서 고민해야 한다. 구단 입장에서는 이적료를 챙길 수 있는 절호의 기회다. 과거 허베이 종지는 에두를 데려가는 조건으로 전북 측에 이적료 30억 원 이상을 지급한 것으로 알려졌다. 또 포항은 지난 2014년 이명주를 알 아인으로 보내면서 60억 원을 상회하는 거액을 받았다.

관건은 선수 이적으로 발생한 수익을 어디에 투자하느냐이다. 당장의 대체 선수 영입을 위해 쓸 수도 있을 것이다. 하지만 유소년 선수 육성과 마케팅 및 프로모션 담당 실무자 보강에 투입하는 쪽이 장기적으로 구단의 경쟁력 강화에 도움이 되고 더 큰 이익을 남기는 길일 것이다.

04.
무슈 우고의 내셔널리그 입성

    2014년 7월말 내셔널리그 추가등록기간에 이름을 올린 한 외인 선수는 많은 궁금증을 유발시켰다. 그의 전 소속 팀이 FC보르도였기 때문이다. 92년생의 프랑스 선수가 멀고도 낯선 한국의 실업리그에서 뛰게 된 것이다. 바로 우고 고스티베어(Ugo Gostisbehere)의 이야기다. 우고는 2011년부터 보르도B팀에서 뛰다가 2014년 여름에 김해시청으로 이적했다. 그는 프랑스 리그 데뷔 후 세 시즌 동안 꾸준히 경기에 출전할 정도로 팀의 신임을 받았고 공격 포인트도 준수하게 기록한 경쟁력 있는 선수였다. 우고의 플레이가 궁금하던 참에 경기를 직접 관람할 기회가 있었다.

    당시 우고의 내셔널리그 세 번째 경기였는데 풀타임 출장하며 종횡무진 경기장을 누볐다. 경기 초반에는 중앙 수비수 역할을 소화했으며 후반 들어 원래 포지션인 미드필더로 자리를 옮겼다. 주로 수비적인 역할이 강해서 영리하게 상대 패스를 끊거나 몸싸움에 능한 점이 높은 점수를 받을만했다. 우고의 영입으로 김해시청이 급격한 변화를 보이지는 않았지만 팀의 경기력에 도움이 되는 것만은 분명해보였다. 매 경기 출장했으니 말이다.

한국실업축구연맹은 2010년부터 외국인 선수를 내셔널리그에서 뛸 수 있게 했다. 각 구단별로 3명의 외국인 선수를 보유하고 경기당 2명까지 출전시킬 수 있도록 했다. 다른 조건으로는 만 18세 이상이어야 하며, 골키퍼 포지션은 제외되었다. 또 최소 6개월 이상 계약을 체결하고 계약금을 포함한 연봉은 5천만 원 이하로 정했다. 2011년부터는 외국인 선수의 연봉 상한선을 한화 1억 원으로 변경했다. 2010년부터 2016년까지 내셔널리그에 등록했던 외국인 선수는 총 14명으로 브라질 출신이 9명으로 가장 많다. 유럽 출신으로는 프랑스, 세르비아, 크로아티아가 각 1명씩이다. 또 중국과 아르헨티나 출신 선수도 있었다.

내셔널리그 역대 외국인 선수

소속	시즌	등록명	국적	포지션	출전경기	공격포인트
울산	2010	비니시우스	브라질	DF	26	1득점
울산	2010~2011	알렉스	브라질	FW	50	18득점 4도움
수원	2010	나우징요	브라질	FW	9	3득점 1도움
울산	2011	다닐로	브라질	FW	16	10득점 4도움
울산	2011~2012	호니	브라질	MF	17	3득점 2도움
안산	2011	엠마누엘	아르헨티나	MF	10	–
고양	2012	백자건	중국	FW	5	–
울산	2012	티아고	브라질	FW	21	8득점 4도움
김해	2013	이반	세르비아	FW	11	4득점 2도움

소속	시즌	등록명	국적	포지션	출전경기	공격포인트
김해	2014	우고	프랑스	MF	13	-
울산	2014	히카르도	브라질	FW	3	-
울산	2014	알리송	브라질	FW	6	2득점
울산	2014	알렉스 (하파엘)	브라질	FW	19	5득점 3도움
울산	2016	로코	크로아티아	FW	-	-

외국인 선수를 불러오는 가장 중요한 이유는 경기력 향상을 위해서다. 과거 실업 강호로 군림했던 울산현대미포조선의 경우 외국인 선수를 가장 적극적으로 활용한 구단이다. 특히, 브라질 출신을 선호했다. 내셔널리그 1호 외인 비니시우스를 시작으로 알렉스, 다닐로, 호니, 티아고, 히카르도, 알리송, 알렉스 하파엘(이상 브라질), 로코(크로아티아)가 울산을 거쳐 갔다. 울산은 2011년에 내셔널리그 득점왕 다닐로와 베스트11 공격수 알렉스를 앞세워 두 시즌동안 내줬던 리그 패권을 되찾은 바 있다.

2년간 울산현대미포조선에서 뛰었던 알렉스는 가장 성공한 외국인 선수로 볼 수 있다. 내셔널리그에서 총 50경기 18득점 4도움을 올렸고, 2010 내셔널선수권대회 득점왕을 차지하기도 했다. 2012년 브라질로 복귀해서 뛰다가 이듬해 고양 Hi FC를 통해 K리그 무대를 밟았다. 이후 강원FC, 대구FC, FC안양, 서울이랜드를 두루 거쳤고, 2018년 FC안양으로 다시 돌아갔다. K리그 챌린지에서 베스트일레븐 공격수 부문에 2년 연속(2013~2014년) 선정될 정도로 좋은 경기력을 보였다. 또 2010년 내셔널리그 베스트일레븐 수비수인 비니시우스도 활약을 인정받아 다음 시즌 울산현대로 이적했으며, 2014년에는 호니가 고양에서 알렉스와 함께 호흡을 맞췄다.

2010년 울산현대미포조선에 이어 수원시청이 후반기를 위해 나우징요를 영입한 바 있다. 나우징요는 9경기 3득점 1도움을 올리며 수원시청의 후기리그 2위, 플레이오프 우승에 기여했다. 이후 에마누엘 프란시스가 안산할렐루야에서 뛰었고, 중국올림픽대표팀 및 대전시티즌 출신의 백자건이 고양국민은행에서 관심을 모았다. 김해시청은 유럽 쪽으로 눈을 돌려 이반 마르코비치와 우고 고스티베어를 데려오는 색다른 시도를 했다.

하지만 구단별로 3명까지 보유할 수 있는 외국인 선수를 활용 중인 내셔널리그 구단은 그리 많지 않다. 실상 2015년부터 외국인 선수를 경기에 투입하고 있는 구단은 전무하다. 앞서 일부 구단에서만 외국인 선수를 영입했을 뿐 여전히 국내 선수로만 운영하는 실업팀들이 다수를 이룬다. 외국인 선수가 유입되면 경기력 향상 외에도 추가적인 마케팅 효과를 기대할 수 있다. 과거 '실업축구 1호 프랑스인' 우고의 등장으로 김해시청을 다시 보는 매체와 축구팬들이 늘어났던 것처럼 말이다. 물론 시청이 아닌 축구단에 대한 관심이지만 그 과정에서 '김해시청' 자체가 각인된다. 이는 축구단 운영을 통해 수익사업까지 영위하기 어려운 지자체나 공기업이 눈여겨봐야할 부분이다. 공기관의 특성상 인지도를 높이고 이미지를 개선하는 홍보 활동은 무척 중요하기 때문이다.

김해시청 소속이던 우고는 젊은 선수인 만큼 SNS를 활용하여 유럽의 지인들에게 자기 소속팀과 내셔널리그 그리고 한국축구를 자발적으로 알렸다. 또 그의 연인이 프랑스에서 김해를 방문하기도 했다. 아마도 우고가 좋아하는 삼겹살을 먹고 수로왕릉을 함께 구경하지 않았을까. 그렇게 구단 연고지의 명소와 문화가 재 전파되면 다음에는 프랑스의 가족이나 친구가 김해를 찾았을지도 모른다. 같은 맥락에서 시청축구단이라면 관광객 유치도 고려하여 외국인 선수를 영입할 필요가 있다. 특히, 축구센터를 홈으로 쓰는 창원·목포·천안 시청축구단은 해외 전지훈련팀과 연계하여 외국인 선수를 선발하고 다시 관련 팀을 오게 하는 선순환 구조를 만들 수 있다. 또는 지자체의 자매도시와 교류 차원에서 해당 국가의 가능성 있는 선수를 데려오는 방법도 가능하다.

내셔널리그의 외국인 선수 연봉제한과 구단의 예산 사정으로 인해 데려 올 수 있는 선수는 한정적이지만 유망주를 중점적으로 발굴하는 방향으로 가면 된다. 2010년 울산현대미포조선이 알렉스를 영입할 때 나이는 약관에 가까웠다. 또 실업축구의 경험을 바탕으로 K리그에 진출한 비니시우스, 알렉스, 호니 등을 보면 국내 축구 교두보로서 내셔널리그의 매력은 충분하다. 그와 함께 연맹 차원에서 외국인 선수 영입을 촉진시킬 수 있는 제도적 정비가 필요하다.

유럽, 브라질 출신 선수를 구단에 연결한 것처럼 에이전트 혹은 중개인의 활동 여지가 마련된 점도 긍정적이다. 그동안 필요에 의해 내셔널리그 구단과 중개인의 왕래는 드문 편이었다. 이제부터라도 구단이 외국인 선수 영입에 관심을 보이고 전문적인 중개인과 파트너십을 형성할 필요가 있다. 그를 통해 다양한 국적의 잠재력 있는 선수가 내셔널리그에 유입되고 K리그를 비롯한 유명 리그로 진출하여 이적료 수입도 안겨줄 수 있을 것으로 기대한다. 또 백자건(중국)이 대전시티즌의 첫 '아시아쿼터(Asian Quota)' 선수로 영입되었고, 르엉 쑤언 쯔엉(베트남)도 K리그에서 이름을 알렸듯이 내셔널리그 구단 역시 아시아 선수를 영입·활용하는 방안을 고려할 필요가 있다. 점차 내셔널리그를 찾는 외인 선수가 늘어나 훗날 자국 선수의 이적을 돕기 위해 외국 기업이 후원을 자처하는 날이 오지 않을까. 나비효과를 기대하며 'Monsieur' 우고의 내셔널리그 입성을 되새겨본다.

05.
빠르게 성장하는 미국축구와 MLS

스포츠의 방향을 유럽이 제시한다면 속도는 미국이 결정한다는 말이 있다. 그 종목을 축구로 들여다봤을 때 더욱 공감이 간다. 축구 종주국으로 불리는 영국을 비롯하여 유럽 축구는 오랜 역사와 전통을 자랑한다. 반면, 미국축구는 유럽에 비해 매우 젊다고 할 수 있는데 클럽축구에서 특히 그렇다.

미국의 축구는 1994년 미국 월드컵 전과 후로 구분할 수 있다. 미국 월드컵은 역대 월드컵 중에서도 흥행에 성공한 대회로 평가받는다. 미국은 스포츠마케팅의 본 고장답게 자국에서 비인기종목이던 축구를 매력적인 상품으로 변모시켰다. 미국의 4대 인기 스포츠는 전통적으로 미식축구(NFL), 야구(MLB), 농구(NBA), 아이스하키(NHL)다. 미국에서 축구를 'soccer'라고 부르는 이유도 미식축구(American football)가 버티고 있는 까닭이다. 과거 미국에서는 축구를 프로스포츠로 인식하지 않는 경향이 있었다. 그럼에도 미국에서 월드컵이 열릴 수 있었던 이유는 전 세계적으로 인기를 끄는 축구의 상품성을 알아본 이들이 존재했기 때문이다. 특히, 미국축구계는 월드컵 유치를 위한 여러 가지 노력 중 FIFA에 프로축구리그 창설을 약속하기도 했다.

사실 앞서 북미축구리그(NASL; North American Soccer League)가 미국에 존재했었다. 미국연합축구리그(USA; United Soccer Association)와 미국프로축구리그(NPSL; National Professional Soccer League)의 통합으로 1968년 탄생한 NASL 은 펠레(브라질), 에우제비오(포르투갈), 프란츠 베켄바워, 로테어 마테우스, 게르트 뮐러(이상 독일), 요한 크루이프(네덜란드), 조지 베스트(북아일랜드) 등 한 시대를 풍미했던 세계적인 축구스타를 영입하며 미국 스포츠팬의 관심을 끄는데 성공했다. 그러나 거기까지 든 비용이 만만치 않았고 리그의 급격한 확대에 따른 부작용으로 1985년 결국 문을 닫고 말았다. 침체기에 들어선 미국축구는 월드컵을 계기로 잠에서 깨어난 것이다.

그리고 1996년 메이저리그사커(MLS; Major League Soccer)의 등장 이후 축구 인기가 점차 높아지기 시작했다. NASL 이후 세미프로 축구리그가 운영되기도 했지만 역시 프로리그의 등장은 파급효과가 달랐다. 초기 10개 팀으로 시작했던 MLS는 23개 팀이 참가하는 축구리그로 급성장했다. 2017년에는 애틀랜타 유나이티드와 미네소타 유나이티드가 참가했고, 2018년에는 로스앤젤레스FC가 합류한다. 그 외 데이비드 베컴이 공동구단주로 참여하고 있는 마이애미나 새크라멘토, 세인트루이스, 샌안토니오, 디트로이트 등 타 지역에서도 프로축구팀 창단 및 MLS 참가 논의가 활발하게 이뤄지는 것으로 알려졌다. 특히, 로스앤젤레스FC의 등장은 기존 LA 갤럭시와 함께 '로스앤젤레스 더비'가 형성되어 많은 기대감을 모은다. MLS에 참가하는 캐나다 연고 클럽도 세 팀으로 늘었고 2017 시즌 토론토FC의 우승으로 명실공이 북미 시장을 통합하는 축구리그로 여겨지며 향후 영향력은 더욱 커질 전망이다.

이처럼 MLS가 성장하게 된 배경에는 월드컵 개최로 인한 축구인기 상승도 있었고 NASL처럼 스타 마케팅을 적극 활용했기 때문이다. 로테어 마테우스(2000), 데이비드 베컴(2007), 프레드릭 융베리(2009), 티에리 앙리(2010), 로비 킨(2011), 카카(2014), 프랭크 램파드(2014), 다비드 비야(2014), 스티븐 제라드(2015), 안드레아 피를로(2015), 디디에 드로그바(2015), 세바스티안 지오빈코(2015), 바스티안 슈바인슈타이거(2017) 등 새로운 시대의 스타들이 MLS를 거쳐 갔거나 활약 중이다. MLS는 세계적인 선수를 영입하기 위한 예외로 일명 '베컴 룰'을 두긴 했지만 NASL의 실패로부터 얻은 교훈을 바탕으로 팀당 선수 연봉 총액을 제한하는 샐러리캡과 드래프트제도 같은 안전장치를 마련함으로써 리그와 구단의 재정 안정화에도 신경 쓰고 있다.

MLS로 향한 거물 선수 중에서도 베컴 룰이 만들어질 정도로 베컴의 LA 갤럭시행은 미국축구계에서 매우 중대한 사건이었다. 또 전 세계 축구계에 큰 충격을, 다른 선수들에게는 새로운 자극을 줬다. MLS의 최다 우승팀인 LA 갤럭시는 홍명보 감독(2003년 입단)이 선수 경력을 마무리한 팀으로 국내에서도 잘 알려진 팀이다. MLS의 명문이긴 해도 글로벌 구단으로 보긴 어려웠던 LA 갤럭시가 베컴의 영입을 계기로 2008년 방한하여 FC서울과 친선경기를 갖기도 했다. 아시아투어의 일환이었는데 당시 LA 갤럭시는 유럽의 빅 클럽 못지않은 관심을 끌었고 MLS에 대한 환기도 이뤄졌다.

당시 LA 갤럭시는 5년간 약 2억 5천만 달러(약 2,360억원)라는 거액의 연봉을 베컴에게 약속했는데 '베컴 효과'로 입장권 및 시즌권, 유니폼, 광고, 중계권 판매, 스폰서십 유치 및 각종 프로모션으로 충분한 이익을 남겼다. LA 갤럭시와 베컴의 성공 사례에 고무된 MLS의 여러 구단은 스타 영입에 적극 나서기 시작했고 유럽에서 뛰던 선수들도 미국으로 눈을 돌리게 되었다.

오늘날 중국축구가 자랑하는 대형 선수영입과 비슷한 측면이 있지만 미국축구의 그것은 철저한 투자였고 엄청난 돈을 쓰더라도 대개 그 이상의 수익을 창출해냈다. 스포츠 마케팅 및 비즈니스에 탁월한 경영 능력과 스포츠를 즐기며 소비하는 팬 문화가 잘 정착되어 있는 덕분이다. 밴쿠버 화이트캡스에서 은퇴한 이영표 해설위원도 현역 마지막 행선지를 MLS로 선택한 까닭은 향후 축구행정가를 염두에 두고 선진적인 구단 경영과 마케팅을 배우고 싶어서라고 밝힌 바 있다.

또 랜던 도노반, 팀 하워드, 클라우디오 레이나, 브라이언 맥브라이드, 다마커스 비즐리, 에디 존슨, 클린트 뎀프시, 프레디 아두 등 자국 선수들이 유럽 무대에서 활약한 뒤 MLS로 복귀하며 분위기를 더욱 띄웠다. 미국 선수들의 성장과 함께 MLS 및 구단의 스포츠마케팅은 리그 부흥에 기여했다. 가령, MLS 올스타전의 경우 레알 마드리드, 맨체스터 유나이티드, 첼시, 토트넘, 아스널, 바이에른 뮌헨, AS 로마 같은 유럽 명문 팀을 초청하여 매력적인 스포츠이벤트

화에 성공했다. 2017년에는 MLS 올스타팀 대 레알 마드리드의 대결이 성사되었다. 올스타전이 열린 시카고의 솔저 필드에는 6만 명 이상이 운집하여 만원관중을 기록했다.

불과 20년 만에 MLS의 인기는 전과 판이한 상황이다. 최근 평균 관중 수 2만 명을 넘긴 MLS는 미국 5대 스포츠에 축구를 포함시켰으며 성장세를 감안했을 때 NBA와 NHL의 자리를 넘보고 있기도 하다. 참고로 MLS의 평균 관중 수는 프랑스 리그앙을 상회하는 수치이다. 과거의 미국축구를 떠올렸을 때 굉장히 급격하고 놀라운 변화이다.

MLS의 인기 상승 외에도 미국축구의 대중화를 나타내는 키워드가 있다. 바로 '사커맘(soccer mom)'이다. 미국은 방과후 프로그램으로 유소년축구가 활성화되어 있고 주로 14세 이하 어린이가 즐기는 편이다. 이 아이들을 축구연습장에 데리고 다니며 곁에서 지켜보는 엄마를 이르러 사커맘이라고 하는데 오늘날 다른 종목에서도 같은 표현을 쓸 정도라고 한다. 미국에서 축구는 중산층 이상의 가정에서 남녀 구분 없이 활성화되어있는 종목이다. 또한, 스포츠를 즐기는 문화에 상당히 체계적인 리그 운영이 더해져 아마추어축구부터 하부리그 토대가 탄탄한 편이다. 자연스럽게 성장 과정에서 축구를 경험한 인구가 늘어나면서 선수층도 두터워지고 팬도 늘어나는 선순환 구조가 자리 잡고 있다.

그 영향으로 미국축구대표팀도 2002년 월드컵 8강, 2010년과 2014년에도 연달아 16강에 진출하는 등 국제무대에서 좋은 성과를 내고 있다. 그때마다 축구 인기도 상승했다. 특히, 미국 여자축구의 강세는 큰 기여를 했다. 총 7회째 개최된 FIFA 여자월드컵에서는 미국이 우승 3회, 준우승 1회를 거뒀는데 매 대회마다 3위 밖으로 밀려난 적이 없는 강자이다. 올림픽 여자축구에서도 미국은 총 5회 중 금메달 4회, 은메달 1회를 차지하며 압도적인 실력을 자랑하고 있다. 자국 대표팀이 정상에 서는 모습은 누구나 좋아하고 보길 원할 것이다.

미국의 여자축구는 경기 외적으로도 굉장한 기록을 보유하고 있다. 1999년 미국 여자 월드컵의 결승전 관중 수는 9만여 명으로 역대 여자축구 경기에서 최다관중 기록을 세웠다. 또한, 2003년에도 여자월드컵을 개최한 미국은 FIFA의 월드컵 대회를 연속으로 개최한 유일한 국가로 남아있다. 미아 햄 같은 전설적인 선수를 배출하기도 했는데 그녀는 공로를 인정받아 2016년 FIFA 개발위원회 공동 부회장으로 임명되었고 축구행정가로써 화려한 출발을 알렸다.

또한, 연달아 개최된 대형 축구 이벤트는 미국이 더 이상 축구불모지가 아닌 축구신대륙으로 변모했음을 나타낸다. 2016년 6월 미국에서 개최된 '코파 아메리카 센테나리오(Copa America Centenario)'는 코파 아메리카 대회 창설 100주년을 기념하여 최초로 남미 밖에서 치러졌다. 남미 10개 팀과 북중미카리브해 6개 팀이 열전을 펼친 끝에 칠레가 연속 우승을 차지했다. 원래는 남미 축구선수권대회인 코파 아메리카처럼 북중미카리브해축구연맹(본부는 미국 뉴욕에 위치)에서도 독자적으로 골드컵을 개최하고 있다.

코파 아메리카 창설 100주년을 기념하는 특별한 대회를 남미의 한 나라가 가져가기 애매한 부분이 있었다. 원래는 멕시코가 대회를 유치하려고 했으나 결국 미국축구가 절호의 기회를 잡았다. 유럽축구선수권대회인 유로 2016과 비슷한 기간에 열린 관계로 경기력과 마케팅 그리고 흥행 등 어쩔 수 없이 모든 면에서 비교가 됐다. 우열을 가리긴 어렵지만 어쨌든 코파 아메리카 센테나리오는 성공한 대회로 볼 수 있다. 단적으로 경기장을 찾은 총 관중 수만 해도 132만여 명에 달했으며, 경기당 4만 명이 넘는 것으로 집계되었기 때문이다.

관중 동원을 봤을 때 워낙 축구를 사랑하는 남미의 원정 팬들이 경기장을 채운 게 사실이지만 홈팬들의 관심과 참여 없이 그런 성공을 거두긴 어렵다. 특히, 미국에 거주하는 중남미 출신 라티노(혹은 히스패닉)의 증가도 그런 열기에 한몫 거들었다. 한때 MLS에 라티노를 주요 팬층으로 삼은 치바스 USA라는 구단이 존재할 정도였다. 이번 코파 아메리카 센테나리오에서 남미식 축구응원문화의 매력을 미국식 스포츠마케팅이 배가시킨 측면이 있다. 또 대형 이벤트도 가뿐히 소화할 수 있도록 잘 만들어진 경기장은 미국축구를 더욱 돋보이게 했다.

이어서 7월에는 '인터내셔널 챔피언스컵(ICC; International Champions Cup)'이 미국과 유럽(10개 팀), 호주(4개 팀), 중국(3개 팀 참가)에서 분산 개최되었다. 그 전신은 2009년 미국에서 열리던 '월드 풋볼 챌린지(World Football Challenge)' 대회다. 2013년 인터내셔널 챔피언스컵으로 재편되었고, 2015년부터 미국, 중국, 호주, 싱가포르 등이 대회 개최에 나서고 있다. 그럼에도 여전히 미국을 주축으로 대회가 진행된다.

앞서 MLS 올스타전도 그랬지만 전 세계에 축구팬을 보유한 유럽의 빅 클럽이 프리시즌마다 미국으로 향하는 모습은 상당히 부러운 장면이다. 올해에는 인터 밀란, 바이에른 뮌헨, 레알 마드리드, AC 밀란, 리버풀, 첼시 등이 미국에서 경기를 선보였다. 구단의 입장에서는 시장의 매력이 있고 구단의 마케팅 활동에 도움이 된다는 판단 하에서 미국으로 건너갔을 것이다. 한편으로는 미국 스포츠계의 투자자들도 상당한 수익을 올리고 있다. 인터내셔널 챔피언스컵은 이미 2014년에 미국 내 축구 경기 최다관중수를 기록했다. 맨체스터 유나이티드와 레알 마드리드의 대결이었는데 무려 11만 명에 육박하는 관중이 경기를 지켜봤다. 티켓 판매액 말고도 중계권료, 스폰서십, 머천다이징 판매까지 고려한다면 훨씬 큰 수익을 추산할 수 있다.

미국축구는 유럽과 남미의 선진적인 축구를 빠르게 흡수하고 있다. 정말 무서운 점은 역수출할만한 축구 콘텐츠와 상품성을 두루 갖춰나가고 있는 부분이다. 언젠가는 미국축구가 유럽을 뛰어넘을지도 모른다는 말이 허투루 들리지만은 않는다. 미국축구는 생각보다 훨씬 빠른 속도로 성장하고 있다.

06.
베트남축구가 뜬다

한 동영상을 보고 가슴이 뜨거워졌다. 베트남 U-19 대표팀이 2016년 AFC U-19 챔피언십에서 바레인을 꺾고 4강행을 확정지은 후 라커룸에서 환호하는 내용이었다. 경기 결과에 따라 베트남은 2017년 한국에서 열린 FIFA U-20 월드컵의 참가국으로 합류했다. FIFA U-20 월드컵은 루이스 피구, 호나우지뉴, 카카, 리오넬 메시, 세르히오 아구에로 등이 거쳐 가며 차기 세계 축구의 흐름을 가늠할 수 있게 해주는 주요 대회로 자리매김하고 있다. 그럼에도 베트남 선수단이 열광하는 모습은 마치 FIFA 월드컵 진출을 이룬듯했기에 신기하고 또 의아했다.

알고 보니까 베트남축구팀이 FIFA가 주관하는 월드컵 대회 본선에 참가하는 것이 처음 있는 일이었다. 그제야 그들의 반응이 이해되면서 괜히 가슴이 벅차올랐다. 비록 대회 본선에서는 1무 2패로 조 꼴찌에 머물렀지만 성인 대표팀보다 더 인기가 많다는 베트남 U-19 대표팀을 목격할 수 있었다. 이제 그들은 현지에서 '황금세대'라 불리는 베트남 U-23 대표팀의 주축이 되었다. 더하여 창원시청축구단을 이끌고 있던 박항서 감독이 베트남축구대표팀과 U-23 대표팀의 지휘봉을 잡으면서 베트남축구에 대한 관심이 더욱 커졌다. 특히, 베트남 U-23 대표팀은 2017년 12월 태국에서 열린 'M150 CUP U-23 국제 토너먼트'에서 동메달을 획득했다. 더군다나 난적인 태국을 10년 만에 꺾고 얻은 결과라 더욱 뜻깊었다. 또한, 2018 AFC U-23 챔피언십 준우승이라는 새 역사를 써냈다.

거기에는 인천유나이티드와 강원FC에서 뛴 베트남 U-23 대표팀의 '캡틴' 르엉 쑤언 쯔엉도 경기 내·외적으로 기여했다. 2016년 인천유나이티드는 야심차게 베트남의 신성 쯔엉을 영입했다. 주로 브라질이나 동유럽 출신의 외국인 선수가 활약하고 있는 K리그에서 베트남 선수의 영입은 다소 파격적이었다. 아시아쿼터제가 도입된 이후 일본과 호주, 중국, 우즈베키스탄에서 선수 영입이 이뤄지긴 했지만 동남아시아 출신의 선수는 거의 드물었다. 과거 프로축구 초기에 맹활약했던 피아퐁 푸에온(태국)이 있었지만 아주 예외적인 사례. 쯔엉은 피아퐁 이후 30년 만에 K리그 무대를 밟은 동남아 출신 선수이다. 그동안 축구 약체의 이미지가 강했지만 오늘날 동남아 지역에서도 레콩빈(베트남), 샤흐릴 이샤크(싱가포르), 사피 살리(말레이시아), 안딕 베르만시아(인도네시아), 티라실 당다(태국)처럼 뛰어난 선수가 배출되고 있다.

인천유나이티드의 영입은 충분히 납득할만했다. 쯔엉은 178cm, 68kg이라는 신체적인 조건을 날카로운 패스와 강한 투쟁심으로 극복하고자 애썼다. 특히, 쯔엉은 베트남 대표팀에서 매번 뛰어난 경기력을 선보였다. 그리고 K리그에서 뛰면서 기량이 더 향상됐다는 인터뷰로 한국축구의 위상을 드높이기도 했다. 물론 강원FC로 팀을 옮기고 나서도 기록한 K리그 경기 출전 횟수나 공격 포인트가 아쉽지만 베트남축구의 상징으로서 쯔엉이 남긴 마케팅 효과는 실로 대단했다.

인천유나이티드는 베트남축구팬을 고려한 마케팅에 나서겠다는 입장을 밝힌 바 있다. 쯔엉의 입단식을 베트남 호치민시에서 치른 게 시작이었다. 이후 홈경기를 맞이하여 '베트남 데이'를 열며 2천 여 명의 베트남 교민을 불러 모으기도 했으며, 쯔엉을 전면에 내세운 인도스먼트(endorsement)와 팬과의 만남을 시도했다. 국내 체류 중인 베트남 인구는 약 14만 명으로 추산된다. 그 중 인천 남동 공단에서 일하는 4만 여명의 베트남 출신 근로자와 원정 경기 지역의 교민을 일부라도 유치한다면 성공인 셈이었다. 쯔엉의 인기를 감안하면 충분히 가능한 일이었다. 더하여 인천유나이티드는 직접적인 관중 유치뿐 아니라 인지도 제고 같은 간접적인 효과도 톡톡히 누렸다. 한국과 베트남의 여러 매체에서 쯔엉의 영입 소식이 전파되며 자연스럽게 구단을 홍보한 것이다. 쯔엉 효과는 클럽 밖으로도 영향을 미쳤는데 베트남 대표팀의 한국 전지훈련이나 일부 K리그 클래식 경기의 베트남 생중계가 대표적이다. 또 2017년 K리그 올스타전의 경우 해외 원정으로 치러졌는데 상대는 쯔엉이 속한 베트남 대표팀이었다.

2017년 쯔엉을 영입한 강원FC 역시 적극적으로 스타 마케팅에 돌입했다. 먼저 쯔엉의 입단식을 주베트남 대사관에서 개최했고, 베트남 호치민에서 호치민 연합팀(호치민FC & 사이공FC)과 친선경기를 갖기도 했다. 또 쯔엉을 강원도 홍보대사로 위촉하고 베트남 호치민 '강원의 날' 개최, 대규모 경제단 파견, 평창동계올림픽 홍보 등 구단과 지자체가 힘을 합쳐 다양한 마케팅 활동에 나섰다.

사실 베트남의 축구팬을 끌어들이기 위해 먼저 움직인 쪽은 J리그다. J리그 구단들은 2013년부터 베트남 선수를 영입했다. 베트남의 레전드인 레콩빈이 콘사도레 삿포로에서 뛰었고, 응우엔 꽁 프엉(미토 홀리호크)과 응구엔 투안 안(요코하마FC)도 일본 무대를 누볐다. 또 J리그 차원에서 중계권 판매와 전지훈련 교류도 성사시켰다. 또 일본의 자동차회사인 토요타가 2015 시즌부터 베트남 V리그의 타이틀 스폰서 자리를 지키면서 양국의 축구 협력이 더욱 긴밀한 관계로 나아가고 있다.

재미있는 점은 전북현대도 모기업의 베트남 현지 마케팅을 위해 쯔엉의 영입을 검토 중이라는 보도가 나온 바 있다. 베트남에 진출한 국내의 한 은행과 화장품 전문업체도 현지에서 인지도를 높이기 위해 쯔엉과 후원계약을 체결하기도 했다. 이처럼 충분한 가능성을 내다본 구단과 기업이 스타 마케팅을 통해 베트남 시장 진출에 나선 것으로 보인다. 그 이후는 다른 동남아 지역으로 범위를 넓힐 수도 있다.

베트남을 비롯하여 태국, 말레이시아, 인도네시아, 필리핀, 싱가포르 등 동남아에서 축구는 가장 인기 있는 종목 중 한가지다. 특히, 2년마다 열리는 동남아시아 축구선수권대회인 'AFF 스즈키컵(AFF Suzuki Cup)'은 현지에서 월드컵 못지않은 분위기로 유명하다. 그중에서도 최근 AFC 챔피언스리그(ACL)에 자주 등장하고 있는 태국

프리미어리그 팀이 호기심을 유발하여 집중 소개되기도 했다. 부리람 유나이티드와 무앙통 유나이티드, 촌부리FC 같은 구단은 상당한 거금을 투자하며 우수 선수를 영입할 정도로 열정적이다. 한국 선수도 여럿 태국 리그를 경험했다.

반면, 베트남 리그는 태국에 비해 아직 명성이 높은 편은 아니다. 베트남축구의 최상위 리그는 V리그다. 초기 ACL에 베트남의 사이공, 호앙아인 잘라이(2017년 정해성 전 한국대표팀 수석코치를 총감독으로 선임), 다낭, 롱안, 빈즈엉 등이 출전하며 잠시 이름을 알린 바 있다. 그러나 ACL의 개편 및 발전과 함께 진입 장벽이 더 높아졌고 2009년부터 V리그 클럽을 본선에서 볼 수 없었다. 대신 AFC컵에 한동안 참가하다가 2015년부터 ACL에 재진입한 것이다.

베트남의 축구 리그는 1980년부터 형성되었지만 프로리그로 전환된 것은 2000년대 들어서다. 또 지금의 V리그로 발 돋음 할 수 있었던 계기는 2012년 VPF(Vietnam Professional Football)가 출범하면서부터다. 프로리그 운영권이 베트남축구협회에서 VPF로 옮겨졌고 V리그는 1부 리그(V.LEAGUE 1) 14팀, 2부 리그(V.LEAGUE 2) 10팀으로 체계적인 형태를 갖추게 되었다. V리그1의 평균 관중 수는 1만 명 정도로 꾸준히 증가 추세다. 최근에서야 여러 조건을 충족시키면서 V리그가 ACL에 다시 참가할 수 있게 되었다. 2017 시즌에는 QNK 꽝남FC가 리그 우승을 차지했으나 AFC 라이선스 충족 미달로 준우승 팀인 FLC 타인호아FC가 2018 ACL 2차 예선에 참가하게 됐다.

2016 시즌 V리그 챔피언인 하노이 T&T는 2015 ACL 3차 예선

에서 FC서울과 격돌하기도 했다. 당시 7-0으로 격파 당했고 이듬해 같은 단계에서 포항스틸러스에게 3-0으로 패하며 수준 차이를 드러냈다. 2015-16 시즌 본선 조별리그에 참가한 빈즈엉은 최하위로 연속 탈락하긴 했으나 2015년에 전북현대와 무승부를, 가시와 레이솔에 깜짝 승리를 거뒀다. 그 다음 시즌에는 전북현대를 상대로 1승을 올리는 이변을 일으키며 가능성을 보이기도 했다. 물론 2017년에는 베트남 구단의 활약은 미미했다.

여전히 베트남축구의 부분적인 약진으로 볼 수 있지만 ACL 복귀, FIFA U-20 월드컵 진출 및 국제대회 성과, 쯔엉 등 자국 선수의 해외 리그 진출은 분명 미래 전망을 밝게 만든다. 한때 쯔엉의 K리그 구단 영입을 놓고 마케팅용 선수가 아니냐는 논란이 일었다. 그러나 베트남축구와 국가적 성장세를 감안하면 과감한 영입 및 진출 시도는 오히려 본받아야 할 사례로 여겨진다.

07.
축구 포스트시즌의 매력

매 시즌 K리그의 결말이 무척이나 궁금하다. K리그 클래식에서는 어떤 팀이 정상에 오를지, 또 AFC 챔피언스리그 진출권은 누가 획득할지 가려지기 때문이다. K리그 챌린지의 경우 우승과 동시에 승격이 이뤄지기 때문에 더욱 흥미진진하다. 한편, K리그를 통틀어 또 다른 흥미 요소가 있다. 바로 승격과 강등이다. K리그 클래식 팀의 경우 하위권에서는 강등을 피하기 위한 경쟁이 막판까지 치열하게 펼쳐진다. 최하위인 12위 구단은 곧바로 강등되며, 11위는 승강 플레이오프를 치러야한다. K리그 챌린지에서는 승강 플레이오프 진출을 위한 2~4위 다툼도 손에 땀을 쥐게 만든다.

2013년 K리그 승강제 도입 이후 백미는 K리그 클래식 및 챌린지 팀간 승강 플레이오프가 아닐까한다. 첫 승강 플레이오프에서 만난 팀은 강원FC와 상주상무였다. 홈 & 어웨이 방식으로 진행된 승강 플레이오프의 첫 승격 팀은 상주상무였으며, 강등 팀은 강원FC였다. 이후 한동안 승강 플레이오프에서 만난 클래식 팀이 강등되고, 챌린지 팀이 승격하는 기록이 계속됐다. 2017년에야 상주상무가 K리그 클래식 잔류에 성공하며 기록을 깨뜨렸다.

　운명의 11월이면 프로축구의 정규리그가 마무리되고 우승과 승격을 자축하는 팀이 결정된다. 한 해 동안 열심히 뛴 선수와 코칭스태프, 구단에 박수를 보내야겠지만 축구팬이라면 리그 폐막이 아쉽기 마련이다. 겨우내 다음 시즌을 기다리기가 지루하게 느껴져서일 것이다. 더군다나 다른 종목에 비해 프로축구의 전체 경기 수는 적은 편이기 때문에 일종의 덤과 같은 '포스트시즌(post season)'이 매력적으로 다가온다.

　포스트시즌이란 정규리그가 끝난 뒤 챔피언을 가리거나 순위를 결정짓기 위해 벌이는 이벤트성 경기를 총칭한다. K리그 승강 플레이오프와 K리그 챌린지 내 플레이오프(2~4위 팀간 토너먼트)가 포스트시즌에 해당된다. 포스트시즌이 단기전이라면 정규리그는 장기전으로써 '페넌트레이스(pennant race)'라고 부르기도 한다.

　지금은 K리그가 포스트시즌을 통해 챔피언을 결정하지는 않지만 그 역사가 오래되지는 않았다. 초기 K리그는 전·후기 리그 후 챔피언결정전 방식을 활용하기도 했다. 또 얼마간 단일리그 및 승점제로 운영하다가 다시 4강·6강 플레이오프 같은 포스트시즌 제도를 통해 우승팀을 가렸다.

　포스트시즌을 운영하는 가장 큰 이유는 역시 흥행을 위해서다. 포스트시즌은 정규리그와 달리 경기수가 적고 토너먼트 특유의 긴장감이 있다. 또 최종 승자에게는 대부분 중요한 타이틀이 주어지기 때문에 관중과 매체의 관심이 집중된다. 정규리그에서 차 순위이던 팀도 포스트시즌에서 타이틀을 노릴 수 있기 때문에 막판까지 동기부여가 되어 흥미를 배가시키는 측면도 있다.

주요 축구리그별 우승팀 결정 방식

국가	축구리그	우승팀 결정 방식
한국	K리그 클래식	정규 라운드 및 스플릿 라운드 승점 합산
일본	J1리그	홈 & 어웨이 정규리그 승점 합산
중국	중국 슈퍼리그(CSL)	홈 & 어웨이 정규리그 승점 합산
호주	A리그	정규리그 우승(프리미어), 파이널 시리즈 - 그랜드 파이널 우승(챔피언)
잉글랜드	잉글리시 프리미어리그(EPL)	홈 & 어웨이 정규리그 승점 합산
브라질	캄페오나투 브라질레이루 세리에A	홈 & 어웨이 정규리그 승점 합산
멕시코	리가 MX	전기리그 상위 8강 플레이오프 및 챔피언결정전(후기리그 동일)
미국	메이저 리그 사커(MLS)	정규리그 우승(MLS 서포터스 실드), 챔피언결정전 우승(MLS컵)

역대 K리그 포스트시즌에서 짜릿한 반전을 만들어냈던 팀으로는 단연 포항스틸러스를 꼽을 수 있다. 2007년 정규리그 5위로 6강 플레이오프에 진출했던 포항은 차례대로 상위팀을 꺾었고 챔피언결정전마저 휩쓸었다. 포항의 입장에서는 감동적인 시즌이었겠지만 정규리그 1위였던 성남으로서는 억울했을 법하다. 이후 6강 플레이오프가 지속된 2011년까지 정규리그 1위 팀이 챔피언결정전에서도 우승하며 더 이상의 이변은 없었다.

하지만 2007년의 사례처럼 장기전에서 1위를 달성한 팀이 포스트시즌에서 챔피언 자리를 내주는 경우가 얼마든지 발생할 수 있다. 그런 형평성의 문제 때문에 플레이오프 제도는 결국 K리그에서 자취를 감췄다. 덧붙여 유럽처럼 선진 축구리그가 대부분 리그전만으로 우승을 가리는 전통적인 방식을 채택하며, 가까운 일본이나 중국에서도 그런 방식을 적용하는 점이 지적되었다. 그리하여 K리그도 풀리그(full league) 또는 라운드 로빈(round robin)이라고 부르는 리그전에 의한 승점제로 우승팀을 정하되 실정을 고려하여 스플릿 라운드를 혼합 운영하는 것이다.

K리그의 운영 방식은 몇 차례의 변화를 거쳤는데 현재의 시스템이 가장 적당하다는 생각이 든다. 공정하게 리그 우승을 가리는 한편, 승강제가 있어 포스트시즌의 이점도 살리는 까닭이다. 참고로 실업축구인 내셔널리그와 K3리그는 여전히 우승팀을 가리기 위해 플레이오프 및 챔피언결정전을 활용하고 있다. 사실 모든 리그가 포스트시즌에서 챔피언을 가리는 방식을 폐기할 필요는 없다.

해외로 눈을 돌려보면 아르헨티나의 1부 리그는 2012-13 시즌까지 전·후기 리그로 나눠 각각 싱글라운드로 운영하였다. 때문에 한 시즌에 두 팀의 챔피언이 나오곤 했는데 지금은 홈 & 어웨이 도입 및 하나의 우승팀을 가리는 방식으로 바뀌긴 했다. 단일리그 및 승점제를 유지하던 J리그는 2015년부터 플레이오프 제도를 도입했다. 관중 동원과 중계권 및 스폰서십 수입 향상 등 현실적인 부분을 고려해서다. 하지만 2017년부터 다시 정규리그 승점제로 변경하여 운영 중이다. 호주 A리그는 처음부터 정규리그 우승과 플레이오프 우승을 구분하는 미국식을 채택했다. 멕시코의 리가 MX는 전기리그와 후기리그를 따로 운영하며 각 리그마다 상위 8개 팀이 플레이오프와 챔피언결정전을 거쳐 우승팀을 가린다. 다만 통합 챔피언전을 열지는 않는다.

즉, 각 리그의 토양에 맞게 포스트시즌을 효과적으로 이용하는 게 핵심이다. K리그의 포스트시즌에 대해 딱히 불만은 없지만 약간의 포장이 이뤄졌으면 한다. MLS와 A리그가 포스트시즌에 독특한 명칭을 부여했듯이 승강 플레이오프나 K리그 챌린지의 플레이오프에 조금 더 멋진 이름을 붙여 이벤트의 가치를 제고하면 좋겠다. 마케팅 관점에서 네이밍의 중요성은 여러 번 강조해도 지나치지 않다. 포스트시즌마다 새로운 엠블럼을 제작하거나 기념상품을 판매하는 것도 생각해볼 필요가 있다. 덧붙이면 지금의 포스트시즌 방식을 확실하게 정착시키고 K리그만의 전통을 계속해서 쌓아나가길 기대해본다.

08.
축구장학재단 출범을 반기며

지난 2015년 2월 27일 경상남도 창원에 여러 축구계 인사들이 모였다. 수국전형두축구장학재단의 출범식이 열렸기 때문이다. 이날 출범한 수국전형두축구장학재단은 故 전형두 전 경남축구협회장을 기리고 지역의 가능성 있는 유·청소년 축구선수 후원하며, 축구인 복지사업(축구 서적 출간, 선수 스피치 코칭 등) 및 수국전형두배축구대회 개최, 유소년 축구교실과 축구단 운영 등 다양한 활동을 전개하고 있다.

전형두라는 이름을 생소하게 느끼는 축구팬도 있겠지만 국내 축구인이라면 모르는 이가 없을 정도로 영향력을 발휘한 인물이었다. 경남 출신으로 마산공고에서 선수 생활을 시작하였으며 마산축구협회장을 역임한 뒤 세상을 떠나기 직전까지 경남축구협회를 이끌었다. 그래서 '경남 축구의 대부'로 불리기도 했다. 전형두 전 회장의 호는 수국(守國)이다. '나라를 지킨다'로 직역할 수 있는데 아마도 그가 평생 지키고 싶었던 것은 경남축구가 아니었을까 생각해본다.

2013년 향년 58세로 작고한 전형두 전 회장의 일생은 그리 길지 않았지만 지역 축구에 남긴 족적은 오랫동안 회자될 만큼 굵고 선명한 것이었다. 주요 업적으로는 무학기 전국 중·고등학교 축구대회 창설, 경남FC 창단, 창원축구센터 유치 등이 있다. 무학기 대회는 초기 남고부와 여고부 대회가 함께 열리다가 2006년부터 남중부 및 남고부 대회가 격년으로 번갈아 개최되고 있다. 꾸준한 개최와 투명한 경기 운영으로 명성이 높으며, 매년 많은 팀들이 참가하길 원하는 것으로 유명하다.

전형두 전 회장은 경남의 프로축구단 창단을 위해서 사재를 털어가면서까지 열정적으로 뛰어다니기도 했다. 우여곡절 끝에 지역의 염원이었던 경남FC가 만들어졌고, 그는 초대 단장 및 대표이사로써 구단을 진두지휘했다. 또 창원축구센터 유치는 영남권 내 쟁쟁한 광역시들을 제치고 달성한 쾌거였다. 지역의 기후적 특성과 접근성이 좋은 위치에 건립한 창원축구센터는 오늘날 많은 국내외 팀들이 선호하는 전지훈련장으로 자리매김하고 있다. 창원축구센터에 위치한 경남FC 메가스토어의 벽면에 고인의 업적을 기리는 동판이 새겨졌으며, 숙소동에는 흉상이 자리를 잡았다.

이 외에도 여민지, 이정은 등 여자축구국가대표 선수를 배출한 경남 함안대산고 축구부 창단, FIFA U-17 월드컵대회 창원 유치 등을 이뤄냈다. 그러나 경남 축구인들이 전형두 전 회장을 존경하는 이유는 그가 이뤄낸 업적에만 있지 않다. 지역 축구의 발전을 위한 집념과 축구 자체에 대한 강한 애착이 귀감이 되었던 것이다. 오죽했으면 '축구 바보'라는 별명이 붙여졌겠는가. 그는 특히나 유·청소년 축구에 각별한 애정을 보였다. 자신도 고등학교까지 축구선수로 뛰었으나 큰 빛을 발하지 못했던 아쉬움이 남았을 것이다. 가정 형편이 어려운 선수들을 알게 모르게 돕기도 하고 지역 내 축구부 창단을 독려했다. 그런 고인의 인간적인 면을 추억하는 이들은 여전히 많다. 그렇게 수국전형두축구장학재단도 시작되었다.

여러 뜻을 모아 전형두 전 회장의 부인이자 이사장을 맡은 이두분 여사가 자본금을 출연함으로써 재단이 탄생하게 되었다. 출연금에서 발생하는 이자 전액과 장학금 기탁을 통해 매년 15명 내외의 경남 지역 학생선수들에게 장학금으로 전달되고 있다. 재단 출범식에서 찬란한FC 등 지역 팀과 선수들에게 첫 장학금이 전달되었으며, 수국전형두배축구대회에서 장학금 수여식이 이뤄지기도 했다. 우수선수·축구유망주·열정선수 장학금 외에 우수지도자 연구비 지원 및 기타 장학 물품 지원도 이뤄지고 있다. 재단은 기타 사업을 통해 자본금 규모가 늘어나면 장학금 지급 대상과 금액을 확대할 예정이라고 밝혔다. 또 전형두 전 회장의 유지인 경남축구회관 건립 재추진, 경남FC와 업무협약 체결 등 향후 재단의 행보가 기대를 모은다.

한편, 재단은 자서전인 『축구바보 전형두』를 발간하기도 했다. 자서전 판매로 얻은 수익금은 모두 축구 장학금으로 쓰였으며, 이후에도 지역의 축구 관련 서적을 출간할 계획임을 알렸다. 그 과정에서 수집·기록될 지역 축구의 역사와 자료에 대해 주목할 만하다. 바로 그런 부분이 모여서 한국축구의 역사와 이야기를 더욱 탄탄하게 만들어주기 때문이다. 자서전 출간을 기념한 북 콘서트도 마련되어 축구기념사업의 새로운 가능성을 엿볼 수 있었다. 축구해설위원으로 잘 알려진 신문선 교수 등 평소 고인과 친분이 있던 패널들이 무대에 올라 다양한 에피소드를 들려줬다. 세간에 잘 알려지지 않은 흥미로운 이야기도 포함되어 있어 콘텐츠적인 가치를 느끼게 만들었다.

기존에 전국 규모의 축구재단은 있었지만 특정 지역축구를 위해 장학재단이 만들어진 사례는 드물었다. 더군다나 허정무·거스히딩크 축구재단, 조광래 축구재단, 홍명보 장학재단, JS 파운데이션(박지성재단) 등 현존하는 축구인이 직접 주체가 되어 설립 및 운영하는 형태가 아닌 고인을 기리는 축구장학재단이라 더욱 남다르다.

대표적인 축구재단으로는 대한축구협회가 설립한 '대한민국축구사랑나눔재단'이 있다. 협회 출연재산과 월드컵 청산금 등을 바탕으로 2004년 출범한 유소년축구재단을 전신으로 하며, 2012년부터 지금의 재단으로 변경되었다. 대한민국축구사랑나눔재단은 우수 유소년 선수 장학금 지원, 학생 축구팀 책보내기 사업, 경력 단절 축구선수 지원 사업, 사회소외계층 지원, 축구를 통한 저개발 국가 돕기 등 다양한 나눔 사업을 펼치고 있다. 또 홍명보 장학재단은 2003년부터 매년 홍명보자선축구경기를 열고 있으며, JS 파운데이션의 경우에도 'ASIAN DREAM CUP(2011~2014년)'과 'JS CUP U12(2014~2017년)' 개최로 많은 관심을 받았다.

이제 수국전형두축구장학재단의 축구장학사업을 통해 지역축구의 저변을 더 넓히고 사회공헌 및 축구기념사업이 여러 지역에서 활성화되는 계기로 이어지길 기대해본다. 더불어 고인의 축구에 대한 애정과 좋은 뜻이 시간이 지나도 많은 이들에게 전해지길 바란다.

09.
축구도 교육이다

2015년 5월에 뜻깊은 축구 행사가 열렸다. 대한축구협회가 주최한 강연 시리즈 '태극마크, 그 이름을 빛내다 – 울산편'이었다. 당시 윤정환 울산현대 감독, 유상철 울산대 감독과 함께 국가대표 김신욱, 김승규 선수 등이 패널로 나섰고 그들을 보기 위해 일선 축구선수, 선수 부모, 지도자 및 학생 선수, 축구 팬 등 다양한 청중이 울산대학교에 모였다.

강연은 박문성 해설위원의 진행으로 축구선수 성장 과정에서 필요한 부모의 역할, 대표선수 육성 교육 방안, 선수 성장기 등을 패널과 함께 토크 콘서트 형식으로 풀어냈다. 두 명의 감독은 국가대표 시절 및 일본에서 프로 생활을 했던 경험담과 현재의 지도 철학을 들려주었다. 김신욱 선수는 국가대표 공격수로 거듭난 비결을 공개해 관심을 모았다. 김승규 골키퍼의 경우 고등학교 1학년 때부터 프로 생활을 시작했지만 비 주전을 감내하며 꿈을 키워나갔던 이야기로 어린 선수들에게 귀감이 되었다. 또 여자축구국가대표팀의 멘탈 코치를 담당했던 윤영길 한국체대 교수는 각 연령별 은퇴 준비와 자기 관리, 축구 패러다임의 전환 등을 강조했다.

당시 강연장에는 울산대, 학성고, 학성중, 현대중(울산 U-15), 울산 U-12 등 지역의 주요 축구부가 총출동한듯했다. 집중력이 산만한 어린 학생들도 진지한 눈빛으로 강연에 집중하는 모습은 꽤나 인상적이었다. 그만큼 패널로 흥미로운 인물이 출연했고 또 생생한 경험담을 들려줌으로써 공감을 이끌어낸 듯했다. 질의응답 순서에는 학생 선수, 학부모와 은퇴를 앞둔 여자축구 선수 등이 궁금한 점을 쏟아내기도 했다. 3시간 정도 진행된 행사의 분위기는 생기가 있었고 지루한지 모르게 흘러갔다. 분명 의미 있는 시간이었다. 이런 축구 행사는 그동안 드물었고 지방에서는 더욱 접하기 어려운 내용이었다.

'태극마크, 그 이름을 빛내다' 강연 시리즈는 대한축구협회가 2012년부터 운영하고 있는 '학부모 아카데미'를 발전시킨 교육 프로그램이다. 2014년 '태극마크 그 이름을 빛내다'로 바꿔 수도권을 중심으로 강연 시리즈를 열다가 호응에 힘입어 각 지역 축구협회 및 프로구단과 연계하기에 이르렀다. 여러 지역에서 순회 개최하며 알찬 내용으로 선수 및 학부모의 관심을 모았으며, 앞선 강연 시리즈를 다시 볼 수 있도록 대한축구협회 홈페이지에 'KFA 강연' 게시판을 열고 동영상 서비스도 제공했다. 울리 슈틸리케 감독, 차두리 선수, 김정미 선수, 윤영길 한국체대 교수, 임영진 대한축구협회 의무분과위원장 등이 나선 제10회 강연회에는 4천여 명이 참석하여 뜨거운 관심을 확인할 수 있었다.

대한축구협회 강연 시리즈 '태극마크, 그 이름을 빛내다'

일자	강사	개최지
2014년 3월 28일	홍명보 감독, 구자철 선수 & 아버지 구광회	서울
2014년 5월 20일	최순호 대한축구협회 부회장, 기성용 선수 & 아버지 기영옥	서울
2014년 7월 17일	박지성 선수 & 아버지 박성종	용인
2014년 11월 5일	최강희 감독, 이동국 선수	전주
2015년 5월 13일	윤정환 감독, 유상철 감독, 김신욱 & 김승규 선수, 윤영길 한국체대 교수	울산
2015년 8월 17일	기영옥 단장, 남기일 감독, 김호남 선수, 윤영길 한국체대 교수	광주
2015년 11월 6일	신태용 감독, 최태욱 코치, 윤영길 한국체대 교수, 황보관 대한축구협회 기술교육 실장	대구
2015년 11월 24일	김도훈 감독, 김도혁 선수, 윤영길 한국체대 교수, 황보관 대한축구협회 기술교육 실장	인천
2016년 6월 16일	최영준 감독, 이원영 선수, 윤영길 한국체대 교수, 황보관 대한축구협회 기술교육 실장	부산
2016년 7월 26일	울리 슈틸리케 감독, 차두리 선수, 김정미 선수, 윤영길 한국체대 교수, 임영진 대한축구협회 의무분과위원장	서울

　흔히 축구선수라고 하면 국가대항전이나 프로리그에서 뛰는 멋진 모습을 떠올리기 쉽다. 하지만 그보다 훨씬 다양한 리그와 경기에서 땀 흘리는 선수들이 존재한다. 전국 초중고 축구리그의 학생 선수들이 대표적이다. 미래의 국가대표와 프로 선수를 꿈꾸며 묵묵히 훈련과 경기에 임하는 어리지만 엄연한 축구선수인 것이다.

　'공부하는 축구 선수의 육성'을 기치로 2009년 출범한 전국 초중고 축구리그는 기존 학생 축구의 문제점을 보완하기 위해 도입되었다. 경기를 주말로 고정하고 방학 기간에는 리그도 휴식기에 들어갔다. 또 축구만 잘하는 선수가 아닌 전인 교육과 진로 설계 측면을 강조했다. 선수들이 성장 과정에서 부상을 당하거나 피치 못할 사정으로 축구화를 벗게 되었을 때 다른 길을 갈 수 있도록 하는 것이 핵심이다. 정규 교육은 학교에서, 기술적인 부분은 지도자를 통해 배운다면 진로에 대한 부분은 강연 시리즈 같은 프로그램이 담당할 수 있기에 어린 선수들에게 더욱 특별하다. 앞으로 협회가 더욱 지원을 늘려줬으면 하는 바람이다.

출범 첫해 총 576팀이 참가했던 전국 초중고 축구리그의 참가팀은 매년 증가하여 2017년 750팀(초등 318팀, 중학 246팀, 고교 186팀)에 이르렀다. 각 팀당 평균 30명 내외의 선수들이 협회에 등록되어 있다고 쳐도 실로 큰 규모이다. 여기에 프로 및 실업 리그, U리그, 아마추어 선수, 축구동호인까지 합산한다면 국내 축구선수 인구는 엄청난 수치에 달한다. 직접적인 축구인은 아니지만 선수들의 부모도 빼놓을 수 없는 비중을 차지한다. 이에 협회 또한 선수, 지도자, 심판뿐 아니라 선수 부모도 축구계의 구성원으로 인식하고 있다.

초기에 선수 부모를 대상으로 아카데미를 도입한다고 했을 때 신선한 느낌이 있었다. 곰곰이 생각해보면 축구인의 가족은 누구보다 축구에 애착을 갖게 될 가능성이 높은 수요층이다. 선수의 가족 입장에서도 평소 축구에 대한 관심은 많지만 전문적인 지식의 부족으로 묵묵히 응원하는데 그친 경우가 대부분이었다. 어린 선수를 둔 부모일수록 자녀의 진로에 대한 고민이 크지만 막막할 수밖에 없었다. 때문에 강연 시리즈를 통해 조금은 갈증을 해소할 수 있는 기회가 되지 않을까 생각해본다.

대한축구협회는 '축구 교육'을 차근차근 진행하고 있다. 2015년 2월 온라인 '지도자교육 아카데미(www.kfaedu.com)'를 개설한 것도 같은 맥락이다. 이후 'KFA아카데미'로 개편하여 접근성을 더욱 높였다. 이제 축구 지도자 자격 취득 및 승급을 위해서는 온라인 교육을 먼저 이수해야 강습회 교육에 참가할 수 있다. 온라인 교육의 도입으로 참가자는 시간적·공간적인 효율을 얻게 되고 협회 측에서는 행정적인 절약을 할 수 있게 되었다. 또한, 매년 지도자가 보수교육을 받게 하는데 강연 시리즈에 참석하면 대체할 수 있도록 연계시켜두었다. 지도자가 다양한 관점 및 지식을 쌓게 함으로써 선수들에게도 긍정적인 효과를 전파하는 교육적인 측면을 유도하는 것이다.

이제까지의 한국축구는 엘리트축구를 중심으로 발전해왔다. 특히, 프로축구는 양과 질적인 면에서 모두 비약적인 성장을 이뤘다. 남은 과제는 즐기는 축구, 생활 축구로 점차 비중을 옮겨가는 것이다. 나아가 축구가 스포츠를 넘어 교육의 일환이 되어야 한다. 사람들이 유·청소년기에 당연히 축구를 배우고 익히는 참여형 축구 문화가 형성된다면 꼭 선수가 되지 않더라도 훗날 팬으로서 즐기는 이들이 더욱 늘어날 것이다. 그것이 선진국형 축구 문화라고 할 수 있다.

잠재적인 축구 팬을 양성하는데 있어서도 교육 프로그램은 바람직하다. 사석에서 만나기 어려운 유명 감독과 선수의 입담 및 생각은 그 자체가 콘텐츠로 연결된다. 과거 이슈가 되었던 이동국 선수의 전파 낭비 발언처럼 개인의 소신을 드러내는 동시에 축구에 대한 관심을 환기시키는 효과를 낳기도 한다. 기존에는 '축구인이라면 경기로 말해야 한다'는 보수적인 인식이 강했다. 때문에 경기 외적인 화제 거리가 부족했던 게 사실이다. 이제는 강연을 통해서도 축구인들이 적극적으로 팬을 찾아다니고 이야기를 할 준비를 갖춰야 하는 시대이다. 꼭 경기 안에서만 주제를 찾을 필요는 없다. 더 적극적으로 축구 주변의 이야기도 들려주면 좋겠다.

10.
내셔널리그 활성화 방안

  국내 최상위 축구리그는 K리그 클래식(2018년부터 K리그1)이다. 2013년부터 2부 리그인 K리그 챌린지(K리그2)와 승강제가 이뤄지고 있다. 2017년부터는 K3리그가 상위(어드밴스)·하위(베이직) 디비전을 도입하여 운영 중이다. 장기적으로 대한축구협회는 2020년까지 성인 아마추어 디비전(3~6부)을 구축하고, 2026년에 1~6부의 성인 디비전 시스템을 완성한다는 구상을 갖고 있다. 그 구상에서는 빠져있지만 또 하나의 축구리그가 존재한다. 바로 내셔널리그다.

  내셔널리그는 한국실업축구연맹이 운영하는 국내 최고의 실업축구리그다. 70여년의 국내 아마추어 축구 역사를 계승하며 2003년 'K2리그'로 출범했고, 2006년 지금의 명칭으로 바꿔서 운영 중이다. 내셔널리그는 프로축구인 K리그의 승강제가 이뤄지기 전에 2부 리그의 대우를 받았다. 지금도 K3리그가 존재하지만 대한축구협회는 내셔널리그를 국내 성인축구 디비전의 3부에 해당한다고 명시한다. 그러나 내셔널리그는 독자적인 리그로 운영 중이며 한국축구리그 디비전에서 빠져있는 상태다.

한국실업축구연맹 입장에서는 내셔널리그의 원활한 운영을 위한 자구책 마련이 시급하다. 우선 줄어든 팀 수를 충원할 필요가 있다. K리그 챌린지가 출범할 당시에 내셔널리그에 참가하던 4개 팀이 떠나갔다. 그리고 2016년을 끝으로 2개 팀이 해체함에 따라 2017 시즌 8개 팀으로 리그를 치렀다. 팀과 선수의 다양성 측면에서 재미가 떨어질 수밖에 없다. 또 리그 규모나 권위에 대한 우려가 나올 법한 실정이다. 이에 연맹도 리그 활성화를 위해 2개 팀 이상의 창단을 목표로 내세웠다.

아무래도 실업축구단은 프로축구단 운영에 비해 적은 예산이 든다. 중소 규모의 도시라면 실업축구단 운영에 관심을 가져볼만한 조건이다. 또 창단이 무산된 청주 프로축구단을 보면서 내셔널리그 쪽으로 선회하여 앞선 사례처럼 점진적인 프로화를 추진하는 게 어떨까하는 생각이 들었다. 2016년 K리그 챌린지 소속의 한 구단이 해체한 사태를 통해 탄탄한 준비가 없는 프로리그 진출이 얼마나 위험한지 일깨워준 바 있기 때문이다. 연맹에서는 '내셔널리그 발전 7대 과제'에서 밝힌 것처럼 신생팀 창단 상담창구 상시운영 및 순회 설명회 외에도 적극적으로 창단 제안이나 컨설팅을 할 필요가 있어 보인다.

실업축구단 운영의 이점은 창원시청축구단의 사례를 참고할 수 있다. 창원FC는 2017년 내셔널선수권대회와 전국체육대회에서 우승하며 2005년 창단 이후 최고의 성과를 올렸고 연고지 명성도 드높였다. 비록 지역에 홈구장을 둔 프로팀이 존재하는 까닭에 상대적으로 인기는 덜하지만 나름의 역할을 하고 있다.

창원FC는 전지훈련을 위해 창원축구센터를 찾도록 국내·외 축구 팀의 친선경기 상대로 나서며 지역 경제효과 유발에 기여한다. 또 내셔널리그가 지역연고 출신선수의 우선 선발비율을 의무화하는 까닭에 지역 선수에게 든든한 직장 역할을 하며, 경남FC와 선수 교류도 한다. 무료로 경기를 개방하여 시민에게는 건전한 여가와 복지를 제공하는 측면도 있다. 또한, 지자체가 광역시를 추진하고 있어 향후 프로화의 가능성도 안고 있는데 10년 이상 실업축구단으로 운영하면서 쌓은 노하우와 제반여건은 언젠가 큰 도움이 될 것이다.

내셔널리그의 활성화를 위해 고려할 수 있는 또 다른 방안으로 아시아 축구 활용을 들 수 있다. K리그가 참가하고 있는 AFC 챔피언스리그나 과거 한·중·일 프로리그 우승 팀이 참가했던 A3 챔피언스컵이 본보기가 될 수 있다.

내셔널리그에 참가하는 구단들의 경우 매력적인 콘텐츠가 부족한 아쉬움이 있다. 전문적인 프런트 인력과 예산의 부족은 경기를 치르는 것 이상의 구단 활동과 마케팅을 기대하기 어렵게 만든다. 이는 자연스럽게 경기장을 찾는 관중 수 저하로 나타나고 있다. 가령, 강릉과 천안의 실업 팀이 대결하는 구도는 일반적인 축구팬에게 흥미를 불러일으키기 어렵다. 하지만 국제경기가 되면 이야기는 달라진다. 실업 팀간의 경기라고 해도 내셔널리그 팀과 일본 팀이 경기를 한다면 엄연히 한·일전의 양상이 된다. 충분이 연고 지역의 축구팬이나 매체의 관심을 끌 수 있는 형태이다.

과거 김해시청축구단의 창단 기념경기로 성사되었던 로아소 구마모토(J2리그) 전에서 실제로 가능성을 확인 할 수 있었다. 많은 축구팬과 지역민이 김해의 홈 경기장을 찾았음은 물론이고 심지어 구마모토의 원정 서포터스도 모습을 드러냈었다. 국제경기의 경우 많은 예산이 소요되는 단점이 있지만 시청구단의 경우 해외 우호도시 구단과 교류 차원에서, 공기업 구단은 홍보를 위한 이벤트로 활용할 수 있다. 나아가 구단의 홍보 차원에서 그치는 게 아니라 모기업 교류나 유치 등 호스피탈리티 마케팅까지 연계가 가능하다.

축구 밖으로 눈을 돌리면 '아시아리그 아이스하키(Asia League Ice Hockey)'가 내셔널리그에 시사하는 바가 있다. 1990년대 후반에 IMF 사태로 위기를 겪었던 한국과 비슷한 시기에 경제적 어려움이 있던 일본 역시 경영 여건이 악화됨에 따라 스포츠 구단의 운영을 포기하는 기업이 늘어났었다. 특히, 아이스하키는 한·일 양국 모두 고사 위기에 놓였으나 통합리그로 타개책을 찾아 나섰다. 그 결과 오늘날 한국, 일본, 러시아(과거 중국 팀) 팀들이 참가하는 아시아지역 최초의 다국적 통합스포츠리그를 출범하기에 이르렀다.

아이스하키라는 비인기 종목을 다국적 리그화하면서 각 참가 팀들은 대중과 미디어의 관심을 끌고 있으며 각국의 마니아 팬을 확보하고 있다. 국내 팀인 안양 한라, 하이원, 대명 킬러웨일즈의 모기업은 일본과 러시아 참가 팀들의 모기업과 교류하면서 비즈니스 기회를 창출하고 있다. 또한, 경기를 위해 국내에 방문하는 선수단과 관계자, 팬들의 유입을 통해 지역 경제 활성화 및 인지도 제고 면에서도 효과를 얻고 있다. 따라서 내셔널리그 구단도 국제경기를 적극적으로 활용할 필요가 있으며, 연맹 차원에서 아시아리그 아이스하키를 벤치마킹하여 매력적인 이벤트 대회(챔피언스리그, 통합리그 등)를 검토할 필요가 있다.

컵대회의 확대는 보다 현실적인 대안이다. 한국실업축구연맹이 매년 개최하는 내셔널선수권대회는 시즌 중반에 열리는 컵대회이다. 2017년에는 리그 소속팀만이 경합을 벌였지만 과거에는 K3리그 팀이나 아마추어 및 군경 팀이 초청되어 '미니 FA컵'의 느낌이 있었다. 다시 초청 팀을 늘리거나 일정 조건의 참가팀을 모집하여 내셔널선수권대회의 규모를 키워나감으로써 내셔널리그에 대한 관심 증대도 기대할 수 있다. 한국프로축구연맹이 운영하는 R리그(2군리그) 참가 구단을 끌어들여 프로·실업축구 인터-컵대회를 여는 방법도 있다. 또 시기적인 면에서 여름에 개최하는 내셔널선수권대회와 별도로 주로 겨울에 비공식적으로 이뤄지는 윈터리그나 스토브리그를 활용한 컵대회는 어떨까?

분명 실업축구만이 갖는 독특한 매력과 역할, 가치가 있다. 단적으로 2017 FA컵에서 내셔널리그의 목포시청축구단이 프로팀을 꺾고 4강까지 오르며 '실업축구의 반란'을 일으켰는데 짜릿한 축구의 재미와 함께 할 수 있다는 자신감, 용기를 선사한 것이다. 과거 동대회에서 준우승하거나 준결승에 진출한 여러 내셔널리그 팀들도 많은 관심을 모았다.

한국실업축구연맹에서는 내셔널리그의 활성화를 위한 아이디어 공모전을 실시하며 관심을 끌기도 했다. 신규 구단과 관중 유치, 입장료 유료화 시행, 축구팬과 함께 할 수 있는 캠페인 등 다방면에서 참신하고 효과적인 아이디어를 모아 내셔널리그 활성화를 이끌수 있길 기대해본다.

11.
모두가 기쁜 시상식을 위하여

매년 찾아오는 가요대전, 연기·연예대상 같은 연말시상식이 축구계에서도 열린다. 또한, 많은 관심과 기대를 모으는 특별한 행사로 여겨진다. 한 해 동안 뛰어난 활약을 보인 축구인을 한자리에서 만날 수 있고 특별 시상자나 축하공연을 보는 재미도 느낄 수 있기 때문이다. 무엇보다 최고의 상을 누가 받을지 상상의 나래를 펼치는 묘미와 긴장감도 있다.

한국프로축구연맹은 매년 시상식에서 1부 리그와 2부 리그로 구분하여 감독상, MVP, 베스트일레븐, 최다득점상, 최다도움상 등을 시상한다. 또 K리그를 통틀어 클럽상, 최우수주심상, 최우수부심상, 특별상 등을 주기도 한다. 클럽상 부문에는 팬프랜들리클럽상, 풀스타디움상, 플러스스타디움상, 그린스타디움상, 페어플레이상, 유소년클럽상 등이 있으며, 특별상에서는 사랑나눔상, 베스트 포토상 등 특색 있는 부문도 눈에 띈다. 개인상 수상자는 기자단 투표로 결정하며, 영플레이어상은 1부 리그에서만 시상한다. 축구팬이 수상자를 선정하는 상도 있다. 바로 아디다스 팬(FAN)타스틱 플레이어상으로 연맹 홈페이지와 공식 모바일 앱을 통해 투표가 이뤄진다.

반면, 국내 여자축구를 대표하는 무대인 WK리그의 경우 한국여자축구연맹이 따로 연말시상식을 열지 않고 있다. 2009년 여자실업축구리그로 출범한 WK리그는 어느덧 8개 팀이 참가하는 리그로 성장했지만 여전히 그들만의 시상식이 없는 실정이다. 챔피언 결정전이 끝나고 현장에서 우승 및 준우승, 개인상(챔피언 결정전 MVP)을 시상하는 정도의 행사가 전부이다. WK리그 규정에는 단체상(우승, 준우승, 베스트일레븐), 개인상(챔피언결정전 MVP, 올스타전 MVP, 정규리그 라운드별 MVP, 득점상, 도움상, 신인상)을 해당경기 종료 후 시상 또는 연말시상식 시 시상한다고 명시되어 있다. 그러나 연말시상식이 열린 적은 없다.

한 시즌 동안 최고의 활약을 보인 선수를 뽑는 리그 MVP 부문이 따로 존재하지 않는 점도 아쉽다. 또한, 정규리그 라운드별 MVP의 경우 중계방송 경기에 한하여 선정하며, 올스타전 및 플레이오프, 챔피언결정전 MVP도 선정 과정에서 중계방송사의 의견이 중요하게 반영되는 특징이 있다. 명실공이 국내 여자축구 최상위리그인 WK리그가 언제쯤 한자리에 모여 최고의 활약을 보여준 이들에게 합당한 상을 선사할 수 있을지 궁금해진다.

WK리그와 같은 실업축구라도 내셔널리그는 매년 자체적인 시상식을 처음부터 꾸준히 개최하고 있다. 한국실업축구연맹은 매년 '내셔널리그 시상식'을 개최하고 MVP, 지도자상, 득점왕, 도움왕, 베스트일레븐, 페어플레이 구단상, 우수구단 운영상, 심판상, 감사패, 공로패, 특별공로패, 철인상 등을 수여한다.

K3리그는 WK리그처럼 챔피언 결정전 종료 후 시상행사를 진행한다. K3리그 어드밴스에서는 우승, 준우승, 페어플레이팀, 베스트프런트, 최다관중에 따른 시상을 하고 개인상으로 최우수선수, 우수선수, 페어플레이어, 득점, GK, 수비, 최우수지도자, 영플레이어 부문으로 시상한다. K3리그 베이직에서는 우승, 승격축하금, 페어플레이팀, 최우수선수, 득점, 영플레이어 시상이 이뤄진다. 그 외 심판상, 공로상 등이 있다. 베스트프런트, 최다관중, 페어플레이어 시상은 비교적 특색 있는 부분이다. 하지만 다른 수많은 활약이 빛을보지 못하고 있다. 나름 포지션별로 시상하고 있으나 베스트일레븐에도 못 미치는 인원이다. 또 챔피언 결정전 참가팀과 수상자만이자축해야 하는 허전한 무대가 아쉽다. 독립적인 시상식이 없는 한계이다.

선수들이 상을 받기 위해 그라운드를 뛰는 건 아니겠지만 개인뿐아니라 구단, 리그의 기록이자 역사로 남기에 중요한 부분이다. 우승과 거리가 있는 구단이나 선수도 인기상이나 페어플레이상, 신인상을 받을 수 있는 장이 마련되어야 한다. 리그에 참가하는 구성원에게 동기부여와 자부심, 애착 등을 심어줄 수 있기 때문이다. 뛰어난 활약을 펼친 선수들을 통해 리그를 알리고 선수, 지도자, 팬, 구단, 후원사, 미디어 등이 함께 축하하며 화합하는 장이 된다. 한 시즌을 마무리하는 주요 행사로서 노출 효과도 크다.

매 시즌 K리그에서는 영플레이어상의 주인공이 누가될지 관심이모인다. 가령, 2015년 K리그 클래식에서 활약한 이재성(전북), 황의조(성남), 권창훈(수원삼성)은 나란히 막판까지 멋진 경쟁을 펼치며 긴장감을 극대화시킨 바 있다. 해당 선수들도 은근한 경쟁의식을 느끼며 동기부여가 되었을 것이다. 그리고 매체 또한 세 선수의 활약을 조명하며 K리그 클래식의 흥미 요소를 더해주었다. 자연스럽게 축구팬의 관심도 더 늘어났다. 2013년에 도입된 특정 개인상의 사례지만 달리 보면 시상식의 필요성을 대변해준다.

또한, 시상식을 축구인만의 잔치로 끝낼 게 아니라 축구팬도 더욱 적극적으로 끌어들이는 게 바람직하다. 축구계 최고의 시상식은 단연 '더 베스트 FIFA 풋볼 어워드(The Best FIFA Football Awards)'를 꼽을 수 있다. 그 이전에는 FIFA 발롱도르(FIFA Ballon d'or)가 있었다. FIFA가 개최하는 명성도 있겠지만 전 세계 축구팬이 남·여자축구의 최우수선수 및 감독(The Best FIFA Men/Women's Player, The Best FIFA Men/Women's Coach)과 팬상(The FIFA Fan Award), 가장 멋진 골(푸스카스상)을 선정하는데 참여할 수 있기 때문이다. 투표에 참여한 축구팬은 수상 후보자 못지않은 관심을 갖고 결과를 기다리게 된다. 시상식이 곧 함께 즐기는 축제가 되는 것이다. 그런 맥락에서 축구팬이 직접 최고의 K리그 선수를 뽑는 '아디다스 팬(FAN)타스틱 플레이어상'이 중요하게 여겨진다. 이 상은 2009년부터 축구팬들의 참여로 운영되고 있으며, 1~2차 투표로 수상자가 가려진다. 또한, 국내에서는 드물게 후원사의 네이밍이 포함되어 있는 상이기도 하다.

한편, 대한축구협회는 '대한축구협회 시상식(KFA AWARDS)'을 통해 올해의 선수상, 올해의 지도자상, 올해의 영플레이어상, 올해의 클럽상, 올해의 심판상, 지역리그 우수심판상, 올해의 베스트골상 등을 남·여로 구분하여 시상한다. 또한, 특별상으로 대한민국 축구공헌대상, 특별공헌상, 은퇴심판 공로패, 히든히어로상, 공로패, 감사패 등을 수여하기도 한다. 남자 올해의 선수상은 KFA 출입언론사 축구팀장과 협회 전임 지도자의 투표로 선정된다. 여자 올해의 선수상은 WK리그 감독들과 각급 여자축구국가대표팀 코칭스태프가 투표에 참여한다. 투표자 1명당 1, 2, 3위로 순위를 정해 3명의 선수를 추천하도록 한다. 2017년까지 역대 남자 올해의 선수상은 손흥민, 기성용이 3회씩으로 최다수상 동률을 이루며, 여자 올해의 선수상은 지소연이 4회로 최다수상자이다.

대한축구협회는 1969년부터 'KFA 올해의 선수'를 선정해왔다. 1982년에는 국제대회 부진으로 시상을 하지 않았지만 오랜 기간 이어져오던 'KFA 올해의 선수' 선정이 1985년부터 중단되었다. 당시 K리그 MVP와 사실상 중복되는 경향이 강하다는 이유 때문이었다. 그러다가 2010년부터 남·여 선수로 구분하여 올해의 선수상을 수여하고 있다. 2010년부터 대한축구협회가 새롭게 주최하고 있는 시상식에서도 축구팬의 참여를 유도하고 있다. 2014년 처음으로 팬을 위한 시상 부문을 신설하였다. 일명 '팬 오브 더 매치(Fan of the Match)'는 국내에서 열린 A매치에서 최고의 응원을 보여준 팬을 선정하고 부상을 수여했다. 더불어 한국축구의 발전을 위해 보이지 않는 곳에서 힘쓰는 이들에게 주어지는 '히든 히어로' 부문도 도입하여 호응을 얻었다.

또 협회는 2014년부터 심판을 위한 최초의 시상식인 'KFA 심판 어워즈(Referee Awards)'를 개최했다. 심판 어워즈에서는 국제심판상, WK리그상, 지역리그 우수심판상, 리그개근상, 심판평가관상, 공로패 등이 수여된다. 축구 심판의 자긍심을 고취시키고 우수 심판을 격려하기 위해 마련된 시상식으로 분명 의미 있는 변화이다. 이제 WK리그와 K3리그도 독립적인 연말시상식이 열릴 수 있도록 협회와 관련 단체의 지원이 이뤄지길 기대해본다.

조금 더 나아가서 색다른 시상식을 상상해본다. K리그가 시상식 중계, 팬 투표 등 축구팬에게 다가서는 노력을 보이고 있지만 아예 순환 개최하는 방식도 고려했으면 한다. 마치 올스타전처럼 유치를 희망하는 지역이 있다면 연말시상식도 가능하리라 생각된다. 혹은 그해 우승 팀의 연고지역에서 시상식을 여는 방안도 있다. 만약 전주에서 K리그 시상식이 개최된다면 녹색 유니폼을 입은 전북현대 팬들로 가득찰 것이다. 물론 시상식이 특정 팀을 위해 열려야 한다는 취지가 아니다. 다만 서울에서 매번 시상식이 열려야 하는 법도 없다는 의미다. 모두가 기쁜 시상식을 위하여 한번쯤 과감하고 혁신적인 시도를 해보면 좋겠다.

제3장

이벤트

01.
K리그 수퍼컵은 왜 사라졌을까

3월을 전후로 AFC 챔피언스리그와 함께 K리그가 새로운 시즌의 막을 올린다. 그 무렵이면 꼭 '슈퍼컵(super cup)'이 떠오른다. 잉글랜드 프리미어리그 우승팀과 FA컵 우승팀이 정규리그 개막에 앞서 격돌하는 'FA 커뮤니티 실드(The Football Association Community Shield)'가 워낙 유명하고 익숙한 까닭도 있을 것이다. 이 잉글랜드판 슈퍼컵은 그 전신인 'FA 채리티 실드(Charity Shield)' 시절(1908~2001년)부터 100년 넘게 이어지고 있으니 대단한 전통이라고 할 수 있다.

대부분의 나라에서 최상위 프로축구리그 챔피언과 축구협회의 컵대회 챔피언이 맞붙는 이른바 슈퍼컵을 운영하고 있다. 유럽의 주요 슈퍼컵으로는 DFL-슈퍼컵(독일), 수페르코파 이탈리아나(이탈리아), 수페르코파 데 에스파냐(스페인) 등이 있다. 트로페 데 샹피옹(프랑스)은 2009년부터 아예 외국에서 개최를 이어가고 있으며, 수페르코파 이탈리아나도 도하, 베이징, 상하이 등에서 열릴 정도로 큰 인기를 누리는 스포츠이벤트이다. 네덜란드의 경우 슈퍼컵이라는 명칭으로 운영하다가 1996년부터 '요한 크루이프 스할(실드)'로 바꿨는데 자국의 전설적인 축구선수의 이름을 붙여 특별한 가치를 더했다.

남미에서는 의외로 아르헨티나가 뒤늦게 슈퍼컵을 신설한 편이다. 지난 2012년부터 수페르코파 아르헨티나를 개최하고 있다. 브라질의 수페르코파 두 브라질은 90년대 반짝 개최되었다가 아예 폐지되기도 했다. 참고로 유럽에는 UEFA 챔피언스리그 우승팀과 유로파리그 우승팀이 대결하는 'UEFA 슈퍼컵'이 있고, 남미에도 비슷한 대회인 '레코파 수다메리카나'가 있다.

아시아를 대표하는 K리그에도 한동안 슈퍼컵이 존재했었다. 한국프로축구연맹의 공식 표기상 'K리그 수퍼컵'으로 1999년부터 2006년까지 개최되었다. 전년도 K리그 챔피언과 FA컵 챔피언이 시즌 개막 전에 번외 경기 형태로 치렀으며, 전·후반 정규시간 내 승부를 가리지 못할 경우 연장전과 승부차기로 승패를 가렸다. K리그 우승팀의 홈 경기장에서 개최되었으며, 수퍼컵 우승 상금은 2천만 원이었다. K리그 수퍼컵이 탄생하게 된 배경에는 1996년 FA컵의 국내 도입과 1998년 프랑스 월드컵 이후 축구 열기가 영향을 미쳤으며, 새로운 시즌의 시작을 알리는 특별한 이벤트로 주목받았다.

1999년 3월 20일 처음 열린 K리그 수퍼컵에서는 수원삼성과 안양 LG가 격돌하며 뜨거운 관심을 모았다. 샤샤의 해트트릭에 힘입어 수원삼성이 5-1 대승을 거둔 것도 화제가 됐지만 안양 LG 팬들이 라이벌 팀으로 옮긴 서정원의 유니폼을 불태우는 퍼포먼스를 선보여 많은 이야기를 만들었다. 2000년 K리그 수퍼컵에서는 처음이자 마지막으로 승부차기가 승부를 갈랐다. 승자는 수원삼성으로 최초의 수퍼컵 2연패를 달성했으며, 총 3회로 최다우승팀 기록을 보유하고 있다.

역대 K리그 수퍼컵

연도	대회명	장소	우승	준우승	MVP	관중수
1999	티켓링크 수퍼컵	수원종합 운동장	수원삼성	안양LG	샤샤 (수원)	15,077
2000	티켓링크 수퍼컵	수원종합 운동장	수원삼성	성남일화	–	14,021
2001	포스데이타 수퍼컵	안양종합 운동장	안양LG	전북현대	안드레 (안양)	20,118
2002	포스데이타 수퍼컵	성남종합 운동장	성남일화	대전 시티즌	샤샤 (성남)	14,450
2003	미개최					
2004	K-리그 수퍼컵	탄천종합 운동장	전북현대	성남일화	에드밀손 (전북)	15,350
2005	K-리그 수퍼컵	수원월드컵 경기장	수원삼성	부산 아이파크	나드손 (수원)	21,784
2006	삼성하우젠 수퍼컵	울산월드컵 경기장	울산현대	전북현대	장상원 (울산)	7,356

수퍼컵에서는 K리그 우승팀이 단연 강세를 보였다. 딱 한번 FA컵 우승팀이 리그 챔피언을 제압한 적이 있는데 2004년 전북현대가 그 주인공이다. 또한, 외국인 선수가 매회 독식하고 있던 MVP를 장상원이 국내 선수로서는 처음 수상한 바 있다. 샤샤는 MVP 최다(2회) 수상자인데 그것도 팀을 바꿔서 이룬 결과이니 그의 활약이 얼마나 대단했는지 알 수 있다.

안양과 수원에서 열린 수퍼컵은 각각 2만 명의 관중을 넘겼으며, 역대 대회 평균관중수도 1만 5천명으로 준수한 기록이다. 또 당시 티켓링크에서는 1억 원, 포스데이타(현 포스코ICT) 1억 2,500만 원의 타이틀 스폰서십이 이뤄진 점도 눈여겨볼만하다. 그러나 2003년 A3 챔피언스컵과 피스컵이 첫 개최됨에 따라 K리그에서 수퍼컵과 컵대회가 열리지 않았다. 2007년부터는 아예 수퍼컵이 폐지되었으며, 대신 직전년도 K리그 및 FA컵 우승팀의 대진으로 리그 개막전을 개최하는 형식으로 운영되고 있다.

그렇다면 K리그 수퍼컵은 왜 사라졌을까? 개최 비용 대비 인지도가 떨어지고 곧바로 K리그가 시작되어 큰 의미 없는 이벤트라는 이유였다. 다소 납득하기 어려운 이유로 수퍼컵을 볼 수 없어 많은 축구팬들이 안타까워했다. 만약 비용이 문제라면 큰돈을 들이지 않고도 얼마든지 개최할 수 있다. 지금의 방식처럼 K리그 클래식 개막전 때 1부 리그 및 FA컵 챔피언이 정규 경기를 하면서 수퍼컵을 겸하면 된다. 연맹의 저비용 정책에 따라 승자와 MVP에게는 별도의 상금 없이 우승 트로피 정도만 전달해도 의미는 충분하다. 이후 경기장 내에서 세리머니를 하는 것으로 많은 볼거리와 즐거움을 선사할 수 있을 것이다. 즉, 일종의 상징적인 타이틀을 부여하는 의도이다. 미국 MLS의 '캐스캐디아컵(Cascadia Cup)'처럼 말이다.

캐스캐디아컵은 북미 서부쪽 캐스캐디아 지역에 자리 잡고 있는 시애틀 사운더스, 밴쿠버 화이트캡스, 포틀랜드 팀버스가 우승을 다투는 이벤트로 별도의 대회를 개최하는 것이 아니라 정규 리그에서 맞붙은 세 팀의 성적을 합산하여 챔피언을 가린다. 따로 우승컵이 존재하며 세리머니도 성대하게 한다. 덕분에 시간과 비용을 절약할 수 있으며 팀과 팬은 부가적인 기쁨을 얻는 효과가 있다. MLS 차원에서도 리그 흥행을 위해 호의적인 입장이었다.

물론 국내 수퍼컵 부활을 위해서는 세부적으로 고려해야 할 사항이 있다. 예를 들어, 정규리그 개막전 때 K리그 수퍼컵을 겸하게 되면 무승부 발생 시 애매해질 수 있다. 정규리그이므로 기존과 같이 연장전과 승부차기를 하긴 어렵기 때문이다. 그때는 축구계가 중요하게 생각하는 페어플레이와 리스펙트 정신을 강조하여 경고나 반칙이 적은 팀에게 우승 자격을 부여하는 식의 대안이 있다. 마치 대한축구협회가 초중고리그에서 그린카드를 수여하는 것과 상통하는 의미이다. 단, 무승부에 따른 승점은 1점씩을 나눠 갖는다.

또 2013년 포항스틸러스처럼 더블을 달성한 경우에는 전년도 K리그 클래식 1~2위 구단간 수퍼컵을 개최할 수 있겠다. 혹은 FA컵 챔피언이 2부 리그 팀인 경우는? 현재까지는 그런 적이 없지만 향후 발생 가능한 일이다. 때문에 수퍼컵을 번외 경기로 개최하는 게 가장 바람직하긴 하다.

다른 관점에서 보면 K리그 클래식 및 챌린지 우승팀끼리 벌이는 수퍼컵(혹은 K리그컵)도 흥미로울듯하다. K리그 챌린지 우승팀은 자동 승격이 되기 때문에 서로 동등한 1부 리그 팀의 입장에서 리그 개막전 겸 수퍼컵을 소화할 수 있다. 상징적으로 수퍼컵에서만 전년도 K리그 챌린지를 대표하는 팀이 되는 것이다. 이는 승강제로 인하여 부가되는 또 다른 묘미가 될 것이며, FA컵 우승팀의 변수를 고려할 필요가 없는 장점이 있다.

이처럼 'K리그 수퍼컵'을 강조하는 까닭은 현재 국내 프로축구에서 우승컵을 획득하는 방법이 K리그, FA컵, AFC 챔피언스리그 우승밖에 없기 때문이다. 2016년 4년 만에 부활한 R리그(2군 리그)는 별도의 시상제도 없이 운영되고 있어 큰 의미를 부여하기 어렵다. 예전처럼 K리그 내 별도의 컵대회를 도입하긴 현실적으로 어렵다. 때문에 하위권 팀이 K리그와 AFC 챔피언스리그에서 우승하기란 정말 어려운 노릇이다. 상대적으로 FA컵에서는 토너먼트 특성상 이변이 일어날 수 있고 우승 시 AFC 챔피언스리그뿐 아니라 수퍼컵 참가 기회가 주어진다면 흥미유발과 동기부여에 긍정적이다. 비록 단판승부로 얻는 수퍼컵 우승이라도 분명 값진 타이틀이다. 특히나 평소 리그 우승을 경험하기 어려운 팀이라면 더욱 그렇다.

또 한국프로축구의 전통과 역사를 되살리기 위해서도 중요하다. 수퍼컵은 일곱 차례나 개최된 뒤 너무 쉽게 사라졌다. 관련 정보는 연맹 홈페이지에서 조차 찾아보기 힘들 정도로 자취를 감췄다. 그냥 지워버리기에는 아까운 기록이다. 가까운 일본 J리그에도 슈퍼컵이 존재한다. 공식 명칭은 '후지 제록스 슈퍼컵(FUJI XEROX Super Cup)'으로 K리그 수퍼컵보다 앞선 1994년 도입되어 한해도 빠짐없이 지속되고 있다. 굳건한 타이틀 스폰서십을 비롯하여 전통, 인기 등 부러운 점이 한 두 가지가 아니다. 생각해보면 수퍼컵을 재개하는 것은 K리그의 권위를 복원하기 위한 하나의 과제처럼 느껴진다.

02.
K리그 올스타전을 위한 제언

1년에 한번 K리그의 별들이 한 자리에 모이는 축제가 있다. 바로 'K리그 올스타전(K LEAGUE ALL STAR)'이다. 이 올스타전은 처음으로 1991년 서울 동대문운동장에서 개최되었다. 당시 청팀(대우, 유공, LG)과 백팀(현대, 포철, 일화)의 경기는 3-1로 청팀이 승리를 거뒀다. 각 구단의 인기 선수들이 한 팀으로 뛰는 모습은 축구팬들에게 색다른 즐거움을 선사했다.

주최 측인 한국프로축구연맹은 2007년까지 성적(청백팀) 혹은 지역(중남부)을 바탕으로 한 대결 구도로 올스타전을 운영하다가 이듬해부터 매회 컨셉을 달리해왔다. K리그 올스타는 장소를 바꿔가며 J리그 올스타와 대결하거나 한·일 월드컵의 주역(팀 2002), 팀 박지성 및 팀 슈틸리케, 외국 팀(FC바르셀로나, 베트남)을 상대했다.

2011년(자선행사 대체)과 2016년에는 올스타전이 열리지 않았지만 최근 올스타전 5경기에서 평균 3만 명에 가까운 관중 수를 기록했기에 흥행 면에서는 나쁘지 않았다. 2014년 박지성 선수의 은퇴 기념을 겸한 올스타전에서는 오랜만에 5만 명대의 관중수를 찍기도 했다. 하지만 K리그 올스타전의 정체성에 대해서는 고민이 필요해 보인다.

K리그 올스타전이라면 당연히 K리그의 구성원이 주인공이어야 한다. 하지만 최근의 올스타전을 보면 K리그는 스스로를 소외시킨 경향이 나타난다. 2010년이 대표적이다. 한국과 스페인 수교 60주년을 기념하는 명분이 있었으나 FC바르셀로나에 올스타전의 한편을 내준 것은 지우고 싶은 기억으로 여겨진다. 내·외신 200여 팀이 취재 신청을 할 정도로 뜨거웠던 관심은 오롯이 K리그 올스타를 향한 게 아니었다. 또 '별 중의 별'에게 주어진 MVP상이 비 K리거인 이정수(교토·2009), 메시(바르셀로나·2010), 구자철(아우크스부르크·2013), 박지성(2014) 선수에게 돌아간 점도 아쉬움으로 남는다.

역대 K리그 올스타전

횟수	개최 일시	개최지	경기 결과	MVP	관중수
1	1991년 11월 10일 (일) 14시 30분	서울동대문운동장	청팀 3:1 백팀	이영진 (LG)	15,000
2	1992년 7월 22일 (수) 18시	서울동대문운동장	청팀 0:2 백팀	김현석 (대우)	6,700
3	1995년 8월 7일 (월) 19시	부산구덕운동장	청룡 1:0 백호	노상래 (전남)	25,000
4	1997년 11월 30일 (일) 14시	광양축구전용경기장	청룡 2:1 백호	김정혁 (전남)	14,042
5	1998년 8월 16일 (일) 17시	서울잠실주경기장	중부 2:6 남부	이동국 (포항)	61,000

횟수	개최 일시	개최지	경기 결과	MVP	관중수
6	1999년 8월 15일 (일) 18시	서울잠실주경기장	중부 7:3 남부	곽경근 (부천)	65,872
7	2000년 8월 15일 (화) 18시	서울잠실주경기장	중부 2:3 남부	김병지 (울산)	48,968
8	2001년 8월 5일 (일) 19시	수원월드컵경기장	중부 1:2 남부	이동국 (포항)	31,978
9	2002년 8월 15일 (목) 18시 30분	서울월드컵경기장	중부 6:1 남부	샤샤 (성남)	65,860
10	2003년 8월 15일 (금) 19시	서울월드컵경기장	중부 1:4 남부	이동국 (상무)	55,874
11	2004년 7월 4일 (일) 18시	대전월드컵경기장	중부 4:2 남부	김은중 (대전)	19,638
12	2005년 8월 21일 (일) 18시	서울월드컵경기장	중부 2:3 남부	박주영 (서울)	32,784
13	2006년 8월 20일 (일) 18시	인천월드컵경기장	중부 10:6 남부	라돈치치 (인천)	33,562
14	2007년 8월 4일 (토) 16시 40분	서울월드컵경기장	중부 5:2 남부	데닐손 (대전)	25,832
15	2008년 8월 2일 (토) 18시	도쿄국립경기장	K리그 올스타 3:1 J리그 올스타	최성국 (성남)	27,000
16	2009년 8월 8일 (토) 19시	인천월드컵경기장	K리그 올스타 1:4 J리그 올스타	이정수 (교토)	39,230
17	2010년 8월 4일 (수) 20시	서울월드컵경기장	K리그 올스타 2:5 바르셀로나	메시 (바르셀로나)	32,581
18	2012년 7월 5일 (목) 19시	서울월드컵경기장	팀 2012 6:3 팀 2002	이동국 (전북)	37,155

횟수	개최 일시	개최지	경기 결과	MVP	관중수
19	2013년 6월 21일 (금) 19시	서울월드컵경기장	K리그 클래식 올스타 3:3 K리그 챌린지 올스타	구자철 (아우크스부르크)	11,148
20	2014년 7월 25일 (금) 20시	서울월드컵경기장	팀 K리그 6:6 팀 박지성	박지성 (은퇴)	50,113
21	2015년 7월 17일 (금) 19시	안산와~스타디움	팀 최강희 3:3 팀 슈틸리케	염기훈 (수원)	24,772
22	2017년 7월 29일 (토) 20시	하노이미딩 국립경기장	K리그 올스타 0:1 베트남 동남아시안게임 대표팀	-	25,000 (추정)

언제부터인가 올스타전을 전후로 'K리그 올스타전의 명과 암'같은 제목의 기사가 나오기 시작했다. 심지어 올스타전 개최의 필요성을 느끼지 못하겠다는 여론도 형성되었다. K리그 올스타전의 정체성도 모호해진데다 긴장감 없는 경기, 준비된 세리머니를 위한 득점, 서울 중심의 개최 등 여러 가지 목소리가 나왔다. 그럼에도 K리그 올스타전은 계속되어야 마땅한 이벤트이다.

일단 K리그 수퍼컵과 컵대회가 사라진 상황에서 정규 리그전이나 승강 플레이오프 외에는 관심을 환기시킬 이벤트가 마땅치 않기 때문이다. 2006년 올스타전 MVP인 라돈치치는 K리그 올스타전이 외국 리그에서도 흔치 않은 미국프로농구에서나 볼 수 있을만한 행사라고 언급한 바 있다. 게다가 20년이 넘는 세월동안 축적된 콘텐츠가 있어 더욱 특별하다. 고정운과 김현석, 박지성의 은퇴식, '원조 레전드' 김화집 옹의 시축, 고종수의 노래자랑, 이기형의 캐논 슈팅, 최용수의 특별 세리머니, 이근호와 트랙터 프로모션, 총 4회에 빛나는 '최다 MVP' 이동국, 김병지의 올스타전 최다 연속출장(1995~2007년) 및 역대 최다출전(16회) 기록 등 수많은 이야깃거리가 존재한다.

　경제적 효과도 간과할 수 없다. 역대 K리그 올스타전의 중계방송 최고 시청률은 2002년 20.4%이다. 2015년에는 7.7%의 시청률을 기록했다. 2003년에는 스포츠브랜드 푸마로부터 3억 8천만 원의 타이틀 스폰서십을 이끌어낸 바 있다. 2005년 K리그 올스타전의 전체 스폰서는 116억 원, 타이틀 스폰서는 82억 원의 광고효과를 봤을 것으로 추산되었다. 1991년부터 2017년까지 22회 동안 올스타전 누적 관중 수는 74만 6,929명이며 평균 관중 3만 3,951명에 이른다. 현재의 K리그는 외연을 확장했고 프로축구 고정 팬 층도 상당부분 확보하고 있기에 더 많은 마케팅 효과를 기대할 수 있다. 이처럼 K리그 올스타전의 가치는 충분하지만 실질적인 관중 유치 및 수익 창출은 매년 주최 측의 고민인 부분이다. 그리하여 K리그 올스타전의 흥행을 위해 컨셉을 바꿔가며 관심을 끌고 있는 것이다. 하지만 올스타전의 진정한 의미를 되새기고자 몇 가지 재고했으면 하는 사항이 있다.

　첫째는 K리그 올스타전의 전통이다. 2007년 올스타전까지는 나름의 전통이 있었다. 청/백(리그 순위, 연고 지역 기준으로 구분), 청룡/백호(국내파/외국선수), 중부/남부의 형태로 K리거를 양분하여 경기를 치른 것이다. 특히, 중부와 남부의 대결은 10년간 지속되었다. K리그 올스타전을 통틀어 6만 관중을 넘긴 경우가 딱 세 번 있는데 모두 그 시기에 나왔다. 참가 구단이나 팬도 만족하는 여러모로 합리적이었던 방식이었다. 중부와 남부의 대결 구도로 전통을 이어가되 1~2부 리그 구성원이 고루 참여할 수 있는 방안이 검토되었으면 한다. 혹은 지난 2013년 K리그 출범 30주년과 최초의 승강제 출범을 기념하여 마련된 'K리그 클래식 VS 챌린지 올스타전'이 흥행 참패(역대 두 번째로 낮은 관중 수)를 겪긴 했으나 K리그 전체를 아우를 수 있는데다 선수와 팬 모두 은근한 자존심 싸움을 유도할 수 있는 구도라 보완하여 다시 시도해볼만하다.

전통에 대해 더 생각해볼 부분이 있다. 올스타전은 단편적이지 않은 연속적인 이벤트라는 사실이다. 물론 5년의 공백기가 있었지만 22회까지 꾸준히 개최되고 있는 역사가 있다. 고로 회차를 공식 타이틀에 명기해야 마땅하지 않을까. '제23회 2018 K리그 올스타전'이라고 한다면 조금 더 권위가 느껴질 듯하다. 사소해보여도 네이밍은 언제나 중요한 부분이다. 또한, 매년 돌아오는 국경일처럼 올스타전 개최 일자 또한 고정이 되면 기억하기 쉽고 의미도 부여할 수 있을 것이다. 연맹이 2014년 매월 마지막 주 수요일을 'K리그 축구의 날'로 지정했듯이 특정 일자를 '올스타전의 날'로 지정하는 것이다. 과거 K리그 올스타전은 리그 휴식기와 잘 맞는 광복절을 기해 자주 열렸다.

둘째는 진지한 경기 그리고 재밌는 경연이다. 올스타전이 이벤트성 경기라도 조금 더 진지해질 필요가 있다. 적어도 경기에서만큼은 말이다. 올스타의 다른 표현은 '드림팀(Dream Team)'이다. 말

그대로 국가대표 팀이나 상상 속에서 볼 법한 선수의 조합인 것이다. 2017 시즌 '도움왕' 손준호의 명품 크로스를 '미스터 올스타' 이동국이 특유의 발리슛으로 연결하는 보기 드문 플레이를 원하는 마음이 크다. 부상 위험이 있을 정도로 심각해서는 안 되겠지만 적당한 긴장감이 감돌아야 경기의 재미가 생긴다. 골 장면을 싫어할 사람은 없겠지만 세리머니 자체를 위한 느슨한 득점은 특별한 감흥이 없다. 선수들의 웃긴 퍼포먼스도 의미가 있지만 K리그를 잘 모르는 사람까지 매료시킬 수 있는 멋진 경기가 더 중요하다.

올스타전의 특성상 동기부여 측면에서도 보완이 필요하다. 기존의 MVP는 대부분 공격수가 차지해왔다. MVP 외에 득점 및 도움상, 수비상, 페어플레이 및 리스펙트상, 인기상 등 시상 항목을 늘리고 승리 팀의 참가 구단 연고지에 차기 올스타전 우선 개최권을 주는 식의 유인책이 필요하다. 무승부 시 승부차기를 도입하는 것도 보는 이로 하여금 흥미를 유발시킬 수 있다. 올스타전에서 활약했던 선수의 성공한 이적 사례도 적극 알릴 필요가 있다. 자칫 딱딱해질 수 있는 경기 분위기가 걱정이라면 기존의 골 세리머니 방식은 유지하면 된다. 오히려 '세리머니 타임'을 정해주고 인기상과 연계하여 경연을 유도하면 관중들에게 경기력과 함께 즐거움도 선사할 수 있을 것이다.

셋째는 순환 개최 도입이다. 국내에서 열린 K리그 올스타전은 서울, 부산, 광양, 수원, 대전, 인천, 안산 등 7개 지역을 무대로 삼았었다. 대부분 1회씩 개최(인천 2회)했고 서울이 13회로 압도적이다. 이 지점에서 많은 축구팬의 불만이 쏟아져 나온다. 실제로 여러 서포터스가 연합해서 올스타전의 단체 관람을 거부하거나 적극적인 항의의 뜻을 전했다. 전국 각지에 월드컵경기장이나 축구전용경기장 같은 좋은 인프라가 많은데 왜 특정 지역에서만 올스타전을 개최하느냐는 게 핵심이다.

2010~2014년 올스타전은 모두 평일 저녁 서울에서 열렸다. 주관람객인 학생과 직장인의 경우 지방에서 직관하기 어려운 조건이다. 한 두 해도 아니고 반복되는 행태에 지역 축구 팬 입장으로는 무시당하는 느낌이 들 수밖에 없다. 2015년은 오랜만에 서울을 벗어나 안산에서 올스타전이 펼쳐졌다. 관중 동원에서도 준수했다. 다음은 남부지역 개최를 고려할 필요가 있다. 2013~2014 시즌 휴식기에 K리그 클래식 팀들이 비 연고 지역에서 벌인 자선경기에서 흥행 가능성을 발견할 수 있다. 평소 프로축구를 접하기 어려웠던 지역에서도 꽤 많은 관중이 몰렸던 것이다. 당장 서울에서 만큼 관중이 들어차지 않더라도 장기적인 안목과 K리그 올스타전의 진정한 의미에 걸맞게 순환 개최를 시행했으면 한다.

넷째는 다채로운 프로모션이다. 올스타전은 거대한 광고장이다. 전국의 축구팬과 여러 매체의 이목이 집중된다. 올스타뿐 아니라 후원사의 가치도 높일 수 있는 절호의 기회다. 앞서 스폰서 타이틀을 붙인 팬 사인회, 축구 클리닉, 에스코트 키즈를 운영해왔다. 스폰서 홍보 부스 설치 및 체험 행사를 확충하는 등 후원사를 더욱 부각시키는 아이디어로 올스타전의 가치도 함께 높이면 좋겠다. 앞서 팀 구성 및 경기 방식의 정착과 전통을 언급했는데 참신함은 특별행사에서만 고민해도 충분할 듯하다. 올스타전 당일만 놓고 보면 경기 전과 후, 하프타임이 핵심이다. 경기 직전에는 팬 투표로 인기상 시상식을 개최하고 올스타 OB나 연예인축구단끼리 친선경기를 하는 이벤트도 적당하다. 하프타임에는 캐논 슈터 콘테스트와 인기 만점인 릴레이 달리기를 재개하는 것이 바람직하다. K리그 올스타전만의 개성 있는 콘텐츠이기 때문이다.

과거 경기 종료 후에는 서울 연고 프로구단 창단 같은 축구 관련 아젠다를 알리거나 국가대항전의 선전을 기원하는 행사가 이뤄지기도 했다. 더하여 초청 가수의 특별공연으로 마무리해도 좋겠다. 2014~2015년 K리그 올스타전 당시 아이돌그룹의 엔딩 공연으로 많은 관중을 열광시킨 것처럼 말이다. 미국의 슈퍼볼 하프타임 쇼가 본 경기 못지않은 인기를 구가하듯이 올스타전 공연도 계속 발전시켜 나가면 흥행에 큰 도움이 될 것이다. 아예 'K리그 콘서트'로 명명한 특별 무대, 즉 가수와 선수의 콜라보레이션 공연을 마련하는 건 어떨까. 어쨌든 다채로운 프로모션은 K리그 팬을 향해야 한다. 항상 그랬듯 축구 팬은 더 많은 것으로 화답할 테니.

03.
새로운 이벤트 경기가 필요하다

'FIFA 클럽월드컵 - UAE 2017'가 레알 마드리드의 우승으로 막을 내렸다. 14회째 열린 클럽월드컵은 일본에서만 8회나 개최된 빅이벤트이다. 2015년 대회부터 메인 스폰서가 중국의 알리바바로 바뀌긴 했지만 줄곧 일본과 도요타가 대회 유치에 힘써왔다. 한 때 도요타는 A3 챔피언스컵을 후원하며 중추적인 역할을 한 적도 있다. 그러나 해당 대회에서 자국 클럽이 약세였던 까닭에 큰 재미를 보지 못했다. 이후 손을 떼고 클럽월드컵 후원에 집중했었다.

K리그를 비롯하여 프로축구 리그가 종료된 나라에서는 연말이면 찾아오는 클럽월드컵이 무척 반갑게 여겨진다. 각 대륙별 챔피언 클럽이 모여 실력을 뽐내는 대회 규모부터 독보적이기 때문이다. 또한, 비시즌에 축구를 즐길 수 있는 것만으로도 기쁨을 선사한다.

사실 국내로 눈을 돌려보면 정규 리그 외에 딱히 흥미를 끄는 프로 수준의 클럽 대회 혹은 이벤트 경기가 드물다. 프로축구를 기준으로 봤을 때 K리그의 정규 경기와 승강 플레이오프, R리그, FA컵, AFC 챔피언스리그 정도가 있다. 한 때는 성남일화가 참가했던 피스컵(Peace Cup) 같은 대형 이벤트를 통해 세계적인 구단을 우리나라로 불러들이던 시기도 있었는데 격세지감이다.

2007년과 2011년을 끝으로 A3 챔피언스컵, K리그 컵대회가 각각 사라지면서 각 구단이 우승 타이틀을 차지할 수 있는 기회도 현저하게 줄어들었다. 또한, 축구팬들은 홈경기를 보려면 꽤나 기다림이 필요해졌다. 그나마 2012년 폐지되었다가 2016년 부활한 R리그(2군 리그)는 반갑게 여겨진다. 비록 1~2부 리그의 일부 구단이 참가하는 2군 리그지만 어쨌든 연고지의 축구팬들이 응원하는 팀을 더 자주 볼 수 있게 되었다. 또한, '서울 더비' 같은 독특한 경기가 성사되거나 더 많은 선수들이 뛸 수 있는 무대이자 발전의 장으로 활용되기도 한다.

K리그의 열혈 팬이라면 공감하겠지만 여름과 겨울의 휴식기는 참으로 길게만 느껴진다. 특히, 3개월가량의 겨울 휴식기는 선수 이적과 전지훈련 경기 소식으로 간신히 버틴다 해도 과언이 아니다. 해당 기간에 추운 날씨를 뚫고 연습경기라도 보기 위해 경기장을 찾는 이들도 제법 있다. 물론 이 시기에는 구단과 선수단 그리고 팬도 새 시즌 준비가 필요한 게 사실이다. 그렇다면 약간의 동면 후 봄기운이 느껴질 무렵 조금 일찍 응원하는 팀을 볼 수 있게 함으로써 팬 만족도 역시 높일 수 있을 것이다.

가령, 과거에 열렸던 '통영컵 국제프로축구대회' 같은 프리시즌 대회를 생각해 볼 수 있다. 2004년 2월 '통영컵 한·중·일 국제프로축구 친선경기'로 시작한 해당 대회는 이듬해 국제축구연맹의 승인을 받아 공식 국제대회로 승격했다. 4개 구단이 풀리그를 치렀으며

2개 구단은 K리그에서 참가했다. 당시 초청 팀으로는 도쿄 베르디, 오이타 트리니타(이상 일본), 베이징 궈안(중국), 퀸즐랜드 로어 FC (호주·현 브리즈번 로어 FC), 타쿠아리FBC(파라과이)가 다녀갔다. 하지만 2007년부터 통영컵 국제프로축구대회는 개최되지 않고 있다. 2월이면 축구 매체와 팬의 시선이 경남 통영으로 쏠리곤 했는데 연고 지역의 경남FC와 연계하여 대회를 계속 발전시키면 어땠을까하는 아쉬움이 남는다.

비슷한 이벤트 대회로 홍콩의 '구정컵(Lunar New Year Cup)' 과 일본의 '사이타마 시티컵(Saitama City Cup)'이 있다. 구정컵은 1983년 이후 매년 구정(음력설)을 즈음하여 홍콩에서 열리는 국제 축구대회이다. 보통은 4개 팀이 참가해 4경기로 순위를 정한다. 2015~2016년에는 2개 팀만이 참가하며 축소 개최되었지만 2017년 다시 4개 팀으로 확대되어 전통을 지켜나가고 있다. 구정컵에는 개최국 자격으로 홍콩 프로팀이나 연합팀이 매회 참가한다. K리그 팀이 대회에 참가할 때면 휴일을 활용하여 홍콩 여행 겸 축구 관람을 떠나는 국내 축구팬도 다수 볼 수 있는 대회이기도 하다.

2003년에 탄생한 사이타마 시티컵은 일본의 사이타마시를 연고로 한 우라와 레즈, 오미야 아르디자가 교대로 참가하는 대회이다. 사이타마시의 연고 팀과 초청 팀이 단판으로 승부를 가렸다. 그동안 맨체스터 유나이티드, FC바르셀로나, 바이에른 뮌헨, 인터 밀란, 아스널 같은 유수의 클럽이 방문한 바 있으며, K리그에서는 수원삼성, FC서울 등이 참가했다.

이런 이벤트 대회 혹은 경기는 다음 시즌 준비 차원에서 실전 감각을 익히는데 좋은 기회로 여겨진다. 큰 규모는 아니라도 상금과 우승컵은 나름의 가치와 동기부여가 있다. 스폰서가 새겨진 유니폼을 해외에서 노출한다면 구단뿐 아니라 후원사 홍보에도 도움이 됨은 물론이다. AFC 챔피언스리그가 아니면 보기 힘든 국내 구단과 외국 클럽의 대결은 여러 매체와 팬에게도 흥밋거리다. 인지상정 때문인지 평소 응원하던 팀이 아니라도 자국 팀을 응원하게 되는 심리도 작용한다. 그래서 비시즌에는 국내 팀과 외국 팀의 대결 구도로 열리는 이벤트 경기가 더욱 매력적이다.

그런 관점에서 주목할 이벤트 경기가 있다. 대전시티즌, 대구FC, 제주유나이티드 등이 참가하는 특별한 이벤트 경기다. 2007년부터 대전 지역 신문사의 주최로 'It's Daejeon 국제축구대회'가 매년 열리고 있다. 그동안 연고팀인 대전시티즌의 상대로 SC 인터나시오날(브라질), 아르헨티노스 주니어스(아르헨티나), 콘사도레 삿포로(일본), FC 아틀라스(멕시코), FC 시비리 노보시비르스크(러시아), 옌볜 창바이산(중국), AFC 투비즈(벨기에) 등 다국적 클럽이 함께 한 바 있다. 해당년도 올림픽 축구, 월드컵 응원을 연계하거나 대전시티즌의 레전드를 기념하는 프로모션으로 지역 축구팬에게 새로운 경기와 볼거리를 제공하고 있다.

대구FC도 2012년부터 지역 신문사가 주최하는 국제 친선경기에 매년 나서고 있다. 첫 회에만 FC 아틀라스를 상대했고 이후에는 사간도스, 콘사도레 삿포로, 산프레체 히로시마, 비셀 고베 등 주로 J리그 구단을 불러들여 클럽 한·일전 구도가 이어지고 있다. 제주유나이티드의 경우 지역을 방문하는 중국 관광객이 많은 점을 고려하여 열리는 한·중 프로축구단 교류 'KOREA-CHINA SUPER MATCH'에 출전하고 있다. 지난 2015년 상하이 선화를 상대로 한 'FIFA U-20 월드컵 코리아 2017 제주유치기원 친선경기'가 계기가 되어 2017년에도 재대결을 갖고 지속적인 친선 및 연습경기를 갖기로 했다. 과거에는 한·일 수도팀 간 대결이라는 명목으로 FC서울과 FC도쿄의 친선경기가 세 차례 이어진 바 있다.

앞서 언급한 이벤트 경기가 있을 때마다 K리그와 연고 팀에 대한 관심이 환기되는 효과가 있었다. 분명 개최 효과는 있지만 비용적인 면이나 여러 가지 상황 때문에 지자체나 구단, 기업이 나서기 부담스러워하는 경향도 있다. 개최 비용이 문제라면 꼭 주최 측이 전액 부담하는 방식이 아닌 참가팀이 분담하는 형태도 고려할 수 있을 것이다.

국내에 축구센터가 위치한 지역에는 평소 중국, 일본의 프로구단이 전지훈련을 위해 즐겨 찾는다. 사전 협의를 통해 자연스럽게 친선경기를 주선하거나 적당한 명칭을 붙이는 정도면 충분하다. 어차피 자비로 전지훈련에 나서는 원정 팀에게 부분적인 지원이나 혜택을 주면 나쁘지 않은 조건이다. 실제 이뤄지고 있는 형태이기도 하다. 한국실업축구연맹이 주최했던 '동계 내셔널리그 페스티벌(캠프)'이나 창원축구센터의 'K3·내셔널·대학·고등부 스토브리그' 등을 참고할만하다.

특히, 2017년 12월 경기도가 첫 개최한 '경기컵 축구대회'는 색다른 재미를 선사했다. 경기지역을 연고로 하는 K리그 챌린지 세 팀과 K3리그 한 팀이 참가하여 토너먼트로 우승자를 가렸다. 대회의 압권은 K3리그 팀인 포천시민축구단이 상위 리그인 K리그 챌린지 팀을 연달아 꺾고 초대 챔피언에 오른 것이다. 포스트시즌에 열리는 이벤트 대회로 가볍게 임할 수도 있지만 향후 지역 라이벌 구도 형성, 자존심 싸움의 측면에서 선수와 팬에게 동기부여가 될 것으로 보인다. 또 경기컵은 무료 관람으로 진행하여 많은 사람들이 축구 경기를 즐길 수 있게 했고, 대회 엠블럼 및 우승컵 제작도 공들여 권위를 갖췄다. 경기도체육회, 경기도축구협회가 공동주관하고 지역 신문사의 후원이 이뤄져 안정적인 대회 개최를 기대하게 만드는 부분이다.

여러 가지 현실적인 여건으로 경기컵처럼 새로운 이벤트 대회나 경기를 만들기 어렵다면 MLS의 정규 리그 경기 결과로 우승팀을 가리는 캐스캐디아컵같은 경제적인 방안도 고려해볼 수 있다.

04.
여자축구 꽃 피우다

2017년 WK리그 챔피언이 가려졌다. 인천현대제철이 정규리그에 이어 챔피언결정전까지 제패하며 통합 우승을 달성한 것이다. 인천현대제철은 무려 WK리그 통합 5연패라는 대기록을 세웠다. 정규리그에서 승점 70점을 획득하며 압도적인 전력으로 우승을 결정지은 인천현대제철은 당해 전국체육대회에서도 정상에 오른 바 있다.

재미있는 점은 거칠 것 없어 보이던 인천현대제철이 전국여자축구선수권대회에서 준우승에 머물렀다는 것이다. 우승의 주인공은 정규리그를 6위로 마친 구미스포츠토토였다. 비교적 전력 차이가 뚜렷한 여자축구에서도 이변은 발생하고 그래서 더욱 흥미진진하다.

WK리그 플레이오프에서 이천대교를 꺾고 챔피언결정전에 진출했던 화천KSPO의 약진도 눈여겨볼만하다. 화천KSPO는 2016년 전국여자축구선수권대회와 전국체육대회에서 결승전까지 진출하며 우승권에 진입했다. 2017년 3월 창단식과 함께 WK리그에 데뷔한 경주한수원은 첫 시즌에 전국체육대회 준우승에 오르는 돌풍을 일으켰다. 리그에서 단 2패만을 기록한 인천현대제철에게 1패를 선사하기도 했다.

경주한수원의 가세로 WK리그가 8개 팀 체제로 확대되어 경기 운영이나 재미 면에서 한층 더 발전한 모양새다(2018 시즌부터 이천대교 대신 창녕WFC 참가). 또 2016년 독일 명문 팀인 1.FFC 프랑크푸르트를 상대했던 WK리그 올스타팀은 이듬해 11월말 열린 올스타전에서 일본의 고베 아이낙을 맞이하여 승부차기로 '여자축구 한·일전'의 승리를 거두기도 했다. 올스타 선수를 온라인 팬 투표로 선정하여 더욱 뜻깊은 결과였다.

한편, 2017 시즌 대학부에서는 고려대(세종캠퍼스)가 춘계 및 추계 한국여자축구연맹전을 비롯하여 전국여자축구선수권대회 대학부와 전국체육대회에서 4관왕을 차지했다. 2016 시즌 대학부의 디펜딩 챔피언으로서 면모를 유감없이 보여줬다. 두 차례나 결승전에서 고려대를 상대하며 아쉬움을 삼켜야했던 경북 위덕대는 여왕기전국여자축구대회 우승을 위안으로 삼아야했다.

고등부는 충북 예성여고가 주름잡았다. 춘계한국여자축구연맹전과 여왕기전국여자축구대회 그리고 전국체육대회까지 휩쓸었다. 그렇다고 해서 절대강자는 아니었다. 대구 동부고, 충남 인터넷고, 울산현대고가 한차례씩 우승 트로피를 나눠가졌다. 두 차례의 준우승을 기록한 서울 동산정보산업고도 가능성을 선보였다.

중등부에서는 포항 항도중과 울산현대청운중이 각 2회 우승으로 돋보이긴 했으나 다양한 팀들이 전력을 뽐냈다. 서울 오주중, 충북 예성여중, 강원 하슬라중도 저마다 타이틀을 획득하며 호시탐탐 패권을 노리고 있는 실력파 팀이다.

초등부의 경우 인천 가림초가 경북 상대초를 제치고 4관왕을 달성했다. 결과적으로 인천 가림초가 타 팀에 앞선 성적표를 받았지만 경남 남강초, 광양 중앙초, 경북 상대초, 광주 하남중앙초 등 여러 팀들이 엎치락뒤치락하는 양상이었다. 여자축구 초·중등부는 다음 시즌 우승팀을 예측하기가 특히나 어려워 보인다.

2017 시즌 국내 주요 여자축구대회

경기일정	개최지	대회명	참가팀	우승
4월 14일 ~ 11월 6일	각 구장	WK리그	8	인천현대제철
4월 21일 ~ 30일	충주	춘계한국여자축구연맹전 (초등부)	13	광양 중앙초 (새싹그룹) 인천 가림초 (애플그룹)
		춘계한국여자축구연맹전 (중등부)	17	포항 항도중
		춘계한국여자축구연맹전 (고등부)	15	충북 예성여고
		춘계한국여자축구연맹전 (대학부)	8	세종 고려대
6월 26일 ~ 7월 3일	강릉	국민체육진흥공단 청학기 전국여자중·고축구대회(중등부)	6	서울 오주중
		국민체육진흥공단 청학기 전국여자중·고축구대회(고등부)	11	대구 동부고

경기일정	개최지	대회명	참가팀	우승
6월 3일 ~ 12일	경주	제25회 여왕기전국여자축구대회(초등부)	11	광양 중앙초 (신라그룹) 인천 가림초 (화랑그룹)
		제25회 여왕기전국여자축구대회(중등부)	10	울산현대청운중
		제25회 여왕기전국여자축구대회(고등부)	8	충북 예성여고
		제25회 여왕기전국여자축구대회(대학부)	7	경북 위덕대
5월 26일 ~ 30일	충남	제46회 전국소년체육대회(초등부)	12	인천 가림초
		제46회 전국소년체육대회(중등부)	15	울산현대청운중
7월 22일 ~ 8월 6일	합천	제16회 전국여자축구선수권대회(초등부)	16	경남 남강초
		제16회 전국여자축구선수권대회(중등부)	17	포항 항도중
		제16회 전국여자축구선수권대회(고등부)	16	충남 인터넷고
		제16회 전국여자축구선수권대회(대학부)	10	세종 고려대
		제16회 전국여자축구선수권대회(일반부)	9	구미스포츠토토
9월 19일 ~ 29일	화천	추계한국여자축구연맹전(초등부)	13	인천 가림초
		추계한국여자축구연맹전(중등부)	15	충북 예성여중
		추계한국여자축구연맹전(고등부)	10	울산현대고
		추계한국여자축구연맹전(대학부)	8	세종 고려대

경기일정	개최지	대회명	참가팀	우승
10월 20일 ~ 26일	충북	제98회 전국체육대회 (고등부)	14	충북 예성여고
		제98회 전국체육대회 (대학부)	10	세종 고려대
		제98회 전국체육대회 (일반부)	7	인천현대제철
11월 17일 ~ 20일	화천 & 인천	WK리그 챔피언결정전	2	인천현대제철
11월 26일	인천시	WK리그 올스타전	2	WK리그 올스타팀

각부별 여자축구의 판세가 전년도에 비해 눈에 띄게 달라진 쪽이 있는 반면, 큰 변화가 없는 쪽도 있다. 과연 WK리그와 대학부에서 독주 체제가 계속될는지, 초·중·고등부의 경우 또 어떤 새로운 팀이 분위기를 주도할지 새로운 시즌이 무척 궁금해진다. 대외적으로는 여자축구 각급 대표팀이 키프로스컵 준우승, 2018년 AFC 여자 아시안컵 본선 진출, AFC U-16 여자 챔피언십 준우승 등의 성과를 이뤄내며 기대치를 높였다.

또 다른 의미를 찾을 수 있는 여자축구가 있다. 바로 아마추어 여자축구대회이다. 여전히 남자축구에 비해 여자축구의 규모는 작은 편이다. 하지만 예전에 비할 바는 아니다. 많은 여자축구대회와 팀이 생겨났고 생활축구에서도 성장세가 인상적이다. 가령, 전국의 대학동아리 여자축구팀은 약 40개 정도로 늘어났으며, 한국대학스포츠총장협의회의 'KUSF 클럽챔피언십 여자축구'나 서울대학교 여자축구부 주최의 '전국대학여자축구대회 샤-컵' 등이 회를 거듭할수록 인기를 모으고 있다.

그 중에서도 'K리그컵 여자대학클럽 축구대회'는 상징성이 크다. 2010년 한국프로축구연맹과 숙명여대가 공동 주최하고 국민체육진흥공단이 후원하면서 출범한 국내 최대 규모의 아마추어 여자대학생 축구대회이기 때문이다. 2017년 11월 25일과 26일 가평종합운동장에서 펼쳐진 '제8회 K리그컵 여자대학클럽 축구대회'에 12개 대학 260여명의 여대생이 참가했다. 수도권 지역의 대학 팀이 다수를 이룬 가운데 가톨릭관동대 FC Hustle(강릉), 부산대 PNU Ladies, 동아대 DAU-L(이상 부산) 팀의 참여도 눈길을 끌었다. 대회 첫날 폭설로 인한 강추위 속에서도 선수들이 뜨거운 열정을 뽐냈다는 후문이다.

K리그 구단들도 여성생활축구 활성화에 힘을 보태기위해 나섰다. 대구FC는 지역 학교 팀을 대상으로 여자축구 교실을 열었다. FC안양은 '나도 축구 선수다' 여성 3기 프로그램을 운영했으며, 안양지역 여자축구동호회 '나축(나도 축구 선수다)'의 활동을 지원하고 있다. 성남FC도 2017년부터 여자축구 클리닉 '축구학개론'을 운영하며 호평을 받았는데 나축과 친선경기까지 진행하며 다음 경기를 예고했다.

FC서울과 수원FC는 아예 여자축구 대회를 개최하기도 했다. 2016년에 열린 '제1회 수원FC 여자축구 챔피언십'에는 11개 팀이 참가하며 성황리에 막을 내렸다. FC서울은 서울시설공단과 함께 '서울컵 2017 여자부 대학생' 대회를 개최했다. 이러한 움직임은 여성생활축구 활성화와 함께 프로축구의 여성 관중 증대에도 긍정적인 영향을 미칠 것으로 보인다.

인천유나이티드는 2017년 9월 홈경기 때 '꽃길싸커 한일전' 후원 기금조성 이벤트를 열었다. 꽃길싸커 한일전은 '취미로 축구하는 평범한 여대생도 국가대표가 될 수 있다'를 컨셉으로 국내 여대생 축구동아리 올스타를 선발하여 일본 여대생 축구동아리 최강팀과 승부를 가리는 이벤트로 펀딩도 성공적으로 마쳤다.

꽃길싸커는 여대생의 축구 이야기를 담은 일종의 축구예능 콘텐츠로 빅풋티비(Biggest Football TV)가 제작에 나서고 있다. 앞서 서울시립대 여자축구 동아리인 WFC BETA가 최약체에서 강팀으로 성장해나가는 이야기를 다룬 '꽃길싸커20'으로 큰 반향을 일으켰다. 대략 2개월 동안 네이버TV를 통해 공개된 콘텐츠는 누적 조회 수 15만을 넘겼다. 또한, 동아리에서 대학 운동부로 정식 창단하기에 이르렀다. 실로 놀라운 성과이다. 여자축구가 군데군데 아름다운 꽃을 피우기 시작했다.

05.
초중고리그 왕중왕전과 가을의 광란

　초중고리그는 대한축구협회가 2009년부터 매년 개최하고 있어 명성이 높은 전국단위의 축구대회이다. 매년 3월부터 9~10월까지 권역별 주말리그를 통해 초·중·고등부 각 상위권의 64개 팀씩 가린 후 토너먼트로 진행된 왕중왕전은 수준 높은 경기력과 예측불허의 결과로 성인축구 못지않은 재미를 선사해왔다. 가을과 함께 찾아오던 왕중왕전은 초중고리그의 포스트시즌 이벤트로 기대를 모았고 많은 스타플레이어를 배출하기도 했다.

　고등리그의 경우 가을에 있는 대학 수시입학 때 왕중왕전 성적을 반영하기 위해 2015년부터 상·하반기로 나눠 왕중왕전을 개최하고 있다. 고등리그 왕중왕전 전반기에는 64팀, 후반기에는 32팀이 참가한다. 고등리그 전반기 왕중왕전은 '전국고교축구선수권대회'를 겸하기 때문에 더욱 권위가 높은 대회이다. 곧바로 프로 무대에 진출할 정도로 뛰어난 실력의 선수들이 고등리그 왕중왕전에서 기량을 뽐내기도 한다. 지동원, 이종호, 김영욱, 이재성, 김신, 이광혁, 황희찬, 백승호, 이승우 등이 초중고리그 왕중왕전을 거쳐 간 대표적인 영건들이다.

매년 챔피언이 바뀔 정도로 절대 강자가 없는 점이 왕중왕전을 더욱 흥미롭게 만든 요소이다. 초중고리그 왕중왕전을 통틀어 2연패를 기록한 팀은 초등부의 신정초와 고등부의 매탄고(수원삼성 U-18팀)뿐이다. 2009년 원년 대회에 총 576팀이 참가한 초중고리그는 참가 팀이 늘어 2017년 750팀(초등부 318팀, 중등부 246팀, 고등부 186팀)을 기록했다. 국내 모든 종목을 통틀어 최대 규모의 스포츠리그인 셈이다. 그런 열띤 경쟁을 뚫고 왕중왕전에 모였기에 어느 팀이 우승한다고 해서 이상할 게 없다. 참가하는 것만으로도 충분히 명예로운 일이다.

초등리그 왕중왕전의 최다 우승팀은 신정초다. 총 4회 우승을 달성했으며 초·중·고등부를 통틀어서도 최다이다. 역대 초등리그 왕중왕전에서는 학원팀이 강세였으나 중등부에서는 프로 유스 팀이 우위를 보여 왔다. 포항, 성남, 울산, 인천, 서울의 U-15팀이 한차례씩 정상에 올랐으며, 수원삼성의 유스 팀인 매탄중은 중등부 최초로 왕중왕전 2회 우승을 기록했다. 고등부에서도 울산현대고, 매탄고, 포항제철고가 2회씩 우승을 차지하며 프로 유스 팀의 저력을 보이고 있으나 부경고 역시 일찍이 2회 우승을 거둔 바 있고 수원공고, 보인고 등도 학원축구의 자존심을 지키고 있다.

왕중왕전이 시작되면 개최지역은 보름 동안 더욱 활기를 띤다. 전국 각지에서 사람들이 모이기 때문이다. 일단 각부의 64개 팀만 해도 대규모 인원인데 일단 선수단과 코칭스태프가 팀당 20명을 훌쩍 넘긴다.

역대 전국 초중고 축구리그 왕중왕전

연도	초등부	개최	중등부	개최	고등부	개최
2009	신정초	전북 무주	이리동중	울산 울주	광양제철고	수원, 천안, 목포, 경주
2010	부양초	전북 무주	창녕중	울산 울주	부경고	경남 창원
2011	김해외동초	전북 정읍	포철중	경북 영덕	신갈고	울산 울주
2012	신정초	강원 홍천	풍생중	충북 제천	부경고	경기 안산
2013	신정초	충남 서산	현대중	강원 횡성	포철고	경남 거제
2014	포철동초	전북 전주	매탄중	충북 제천	수원공고	경북 김천
2015	신정초	경남 고성	광성중	경북 김천	전반기: 현대고 후반기: 포철고	전반기: 경북 김천 후반기: 경기 포천
2016	대동초	전북 전주	오산중	전남 강진	전반기: 보인고 후반기: 매탄고	전반기: 경북 안동 후반기: 전남 영광
2017	울산U-12	경북 구미	매탄중	전남 강진	전반기: 매탄고 후반기: 현대고	전반기: 경북 김천 후반기: 경남 창녕

또 협회 관계자, 감독관, 심판진도 있다. 게다가 학부모, 학교 관계자, 응원단 등이 모여 숙식하며 경기를 지켜보기도 한다. 틈틈이 명소를 둘러보거나 먹거리, 교통편을 이용하는 이들도 있어서 지역 홍보 및 경제효과와 연결되는 부분이다. 군 단위 지역에서도 적극 유치에 나설 정도로 초중고리그 왕중왕전은 마케팅 효과가 있는 대회로 여겨진다. 활발하게 왕중왕전을 유치했던 울주군의 한 관계자

는 대회를 통해 지역 내 우수한 체육시설을 전국에 홍보하고 방문객의 소비지출로 지역경제 활성화에도 상당한 도움이 될 것이라고 밝힌 바 있다. 스포츠산업 자치단체부문 대상을 받는 등 스포츠마케팅 활용으로 유명한 김천시는 최근 들어 왕중왕전 개최지로 자주 지역명을 노출시켰다. 지자체와 해당 지역 축구협회가 합심하여 왕중왕전 유치에 적극 나서는 이유가 바로 거기에 있다.

초기 왕중왕전은 같은 지역에서 연속 개최되기도 했지만 최근 들어 다양한 지역에서 열리고 있다. 또 2014년부터는 왕중왕전 결승전이 각 개최지에서 열리게 됨에 따라 더욱 매력적인 이벤트가 되었다. 기존에는 토너먼트 경기만 개최지에서 열리고 결승전은 서울월드컵경기장 및 보조구장에서 이뤄지는 것이 관례였다. 왕중왕전 결승전은 경기 자체가 갖는 중요성도 크지만 미디어데이, 연예인 홍보대사의 축하공연, 백호네 바자회 같은 특별 이벤트, TV중계도 더해져서 이벤트 가치가 풍부하다. 따라서 왕중왕전 유치를 희망하는 지역이 더욱 늘어날 것임을 예상할 수 있다.

해가 바뀔수록 누적된 콘텐츠와 발전하는 왕중왕전을 보면서 국내 스포츠이벤트의 새로운 가능성을 제시하고 있는 것처럼 느껴졌다. 그러나 초중고리그 왕중왕전의 10주년을 앞두고 내려진 결정은 안타까웠다. 대한축구협회가 어린 선수의 심적 압박감, 선수 부족 문제 등을 호소하는 일선 지도자들의 의견을 반영하고, 즐기는 유소년 축구 문화 정착을 위해 2018년부터 초·중등리그 왕중왕전을 폐지하기로 결정했기 때문이다. 나름의 이유가 있는 결정이었지만 갑작스런 폐지보다 문제점을 보완하는 쪽이 더 좋지 않았을까하는 생각을 지울 수 없다. 초·중등리그는 상대적으로 고등리그나 성인축구에 비해 대중의 관심이 닿지 않는다. 하지만 왕중왕전의 이벤트 가치는 초·중등리그에 대한 관심을 환기시키는 효과를 만들었다. 또 학원 팀뿐 아니라 클럽 팀도 투자의 명분으로 삼았다. 무엇보다 특별한 스포츠이벤트로 정착·발전시킬 수 있었기에 아쉬움이 남는다.

그동안 초중고리그 왕중왕전을 지켜보면서 '3월의 광란(march madness)'이 떠올랐었다. 미국의 대학스포츠연맹(NCAA; National Collegiate Athletic Association)이 주최하는 전미 대학농구선수권 토너먼트에서 유래된 용어로 매년 3월이면 NBA와 함께 개막을 하는 아마추어대회지만 인기만큼은 프로농구 못지않게 열광적이다. 그 이유는 각 지역을 연고로 하는 대학팀들이 토너먼트에 참가하기 때문이다. 연고지의 프로팀보다 상대적으로 더 가깝게 느껴지는 모교 팀 혹은 동네 팀에 대한 애착과 자부심이 인기의 비결이다. 또한, 수많은 대학팀들을 제치고 토너먼트에 참가하는 것만으로도 지역의 영광으로 여긴다.

토너먼트 특성상 워낙 이변이 많아서 우승팀을 예측하는 이벤트에 대통령까지 나서서 의견을 보태기도 한다. NCAA 농구는 미국에서 그야말로 전 국민적 스포츠이벤트나 다름없다. 일명 '파이널포(Final Four)'라고 불리는 4강전부터는 프로농구도 잠시 쉬게 만들 정도로 영향력이 막강하다. 열광적인 인기에 따라 매년 순환 개최되는 지역에 수많은 인파가 몰린다. 그리고 개최지의 특성을 반영한 대회 로고, 투어 프로그램이 만들어지며 대회 상징물을 활용한 머천다이징 상품 제작 및 판매도 활발하다.

그래서 초중고리그 왕중왕전에 '가을의 광란'이라는 타이틀을 붙여보면 어떨까 하는 생각이 들었다. 실제로 왕중왕전에서 뛰는 선수나 지켜보는 관중 모두 광란에 빠지는 이유도 있지만 K리그의 슈퍼매치처럼 멋진 타이틀을 부여함으로써 새로운 가치가 창출될 수 있기 때문이다. KBO리그에 가을야구라는 말이 있듯 가을축구에도 특별한 의미를 부여할 수 있지 않을까. 또 결승전이라는 밋밋한 표현보다 '졸업 경기(finish match)'같이 왕중왕전의 특색을 담은 명칭을 만들어서 불러보면 어떨까. 왕중왕전이 펼쳐지는 경기장에 가면 응원 구호와 함께 어김없이 교가가 울려 퍼진다. 재학생이나 동문응원단이 일심동체가 되어 모교에 대한 자부심을 드러내는 까닭이다. 아직은 추억과 향수에 기대는 부분이 크지만 시스템적인 보완이 이뤄진다면 왕중왕전에 대한 관심 역시 더 높아질 것이다.

　그동안 대한축구협회는 아마추어리즘을 해치지 않으면서 왕중왕전의 스폰서십과 중계방송을 유치했고 결승전 장소를 토너먼트 개최지로 옮기는 등 바람직한 방향으로 운영해왔다. 비록 초·중등리그 왕중왕전을 더는 볼 수 없게 됐지만 고등리그 왕중왕전이라도 스포츠이벤트로서 가치를 지속적으로 높여 보다 많은 흔적을 남겼으면 한다. 그 흔한 챔피언 티셔츠도 제작되지 않는 것이 현실이다. 협회가 왕중왕전 참가팀에게 보급하는 챔피언십 패치나 우승팀의 이름이 새겨진 챔피언 패치만 해도 소장하고 싶을 정도의 상품성이 있다. 결승전이 열린 경기장에는 기념 동판을 설치하는 것도 뜻깊겠다. 희소성이 더욱 높아진 앞으로의 왕중왕전과 가을의 광란을 기념하고 꺼내볼 수 있는 뭔가가 필요하다.

06.
A3 챔피언스컵을 부활시키면 어떨까

2017년 12월 일본에서 열린 'EAFF E-1 풋볼 챔피언십 2017(EAFF E-1 Football Championship 2017 Final Japan)'에 참가한 한국남자축구국가대표팀의 결과는 성공적이었다. 남자부 대회 최초로 2연패를 달성했기 때문이다. 그리고 네 번째 우승컵을 들어 올리며 대회 최다우승국의 위상을 굳건히 했다. 한국대표팀의 EAFF E-1 풋볼 챔피언십 우승을 보며 오랜만에 축구팬들이 활짝 웃었을 것이다.

EAFF E-1 풋볼 챔피언십이 끝나고 불현듯 'A3 챔피언스컵(A3 Champions Cup)'이 생각났다. 동아시아를 대표하는 한·중·일 프로축구리그의 왕중왕을 가리던 대회로 '클럽판 동아시안컵'이나 다름없었다. A3 챔피언스컵은 K리그, J리그, CSL(중국 슈퍼리그) 챔피언 3팀과 함께 개최국 초청팀(주로 컵대회 우승팀이나 리그 2위 팀)이 한 팀 추가되어 풀리그 방식으로 진행되었다. 우승 상금은 40만 달러(당시 기준으로 약 4억 7천만 원)였으며, 준우승 20만 달러(약 2억 4천만 원), 3위 15만 달러(약 1억 8천만 원), 4위 10만 달러(1억 2천만 원)의 상금이 주어졌다.

역대 A3 챔피언스컵

연도	개최지	우승	준우승	3위	4위
2003	일본 도쿄	가시마 앤틀러스(일본)	다롄 스더(중국)	성남일화(한국)	주빌로 이와타(일본)
2004	중국 상하이	성남일화(한국)	요코하마 F. 마리노스(일본)	상하이 선화(중국)	상하이 궈지(중국)
2005	한국 제주	수원삼성(한국)	포항스틸러스(한국)	요코하마 F. 마리노스(일본)	선전 젠리바오(중국)
2006	일본 도쿄	울산현대(한국)	감바 오사카(일본)	제프 유나이티드(일본)	다롄 스더(중국)
2007	중국 산둥	상하이 선화(중국)	산둥 루넝(중국)	우라와 레즈(일본)	성남일화(한국)

이 대회에서 K리그 구단은 유독 좋은 기억이 많았다. 일단 3회 연속 우승으로 타 리그에 비해 압도적인 성적을 보유하고 있다. 그것도 한·중·일 개최지에서 모두 우승을 차지했다. 특히, 2006년 울산현대가 일본 대회 때 보여준 경기력은 엄청난 충격을 안겨줬다. 당시 울산은 J리그 최강이던 감바 오사카를 6-0으로 꺾었고 다롄 스더에 4골차 완승을 거뒀다. '아시아의 깡패'라는 별칭도 그때 생겼다.

CSL은 2007년 자국에서 열린 대회에서 첫 우승과 준우승을 차지하면서 그나마 체면치레를 했다. 반면, J리그는 첫 대회 우승 이후 계속 들러리 신세였다. A3 챔피언스컵의 대회 후원사는 계속 일본 기업이 맡았었는데 일본 클럽의 부진 속에 큰 재미를 보지 못한 J리그와 후원사는 대회 참여에 대한 회의감을 표출하기 시작했다.

2008년 한국에서 열릴 차례였던 대회는 결국 중단되었다. 당시 중국에서 열릴 동아시안컵(현 EAFF E-1 풋볼 챔피언십)과 베이징 올림픽, AFC 챔피언스리그 참가 등으로 인해 일정을 맞추는 게 어려웠기 때문이다. 게다가 AFC 챔피언스리그를 확대하며 중심을 잡으려던 아시아축구연맹은 동아시아축구의 독자적인 움직임을 그리 달가워하지 않던 참이었다. 결정적으로 줄곧 대회 후원을 해오던 메인 스폰서가 발을 빼면서 A3 챔피언스컵은 멈추고 말았다.

A3 챔피언스컵의 원래 취지는 동아시아 축구 교류를 통한 경기력 향상과 함께 한·중·일 프로축구 인터리그 창설이라는 원대한 목표를 품고 있었다. 흥미로운 점은 대회 창설을 주도한 쪽이 한국축구인 부분이다. 2002년 월드컵 공동 개최 후 한·일 축구의 공조 체제가 형성되었고 큰 그림을 구상하던 당시 정몽준 대한축구협회장이 직접적인 제안을 한 게 발단이었다. 한국프로축구연맹도 적극적으로 나섰다. 이러한 움직임은 정치적인 명분도 있었다. 아시아축구연맹은 과거부터 중동과 서아시아의 입김이 강하게 작용하는 곳이다. 이에 아시아축구의 맹주인 한국을 필두로 일본, 중국 등 동아시아가 힘을 합쳐 균형을 이룰 필요가 있었다. 동아시아축구의 협력과 교류, 영향력 강화를 위한 구심점으로써 2002년 동아시아축구연맹(EAFF)이 설립되었다. 이듬해 동아시안컵과 A3 챔피언스컵이 탄생한 까닭도 같은 맥락에서 이해할 수 있다.

A3 챔피언스컵의 가치는 여전히 유효하다. 미련을 놓지 못하는 이유다. 사실 대회 재개를 위해서는 넘어야 할 산이 많다. 우선 삼

국의 이해관계가 잘 절충되어야 한다. 그리고 상급 단체인 아시아 축구연맹의 지지를 이끌어내야 한다. 그 사이에서 동아시아축구연맹의 적극적인 노력이 필요하다. 동아시아축구연맹이 2년 주기로 개최하는 EAFF E-1 풋볼 챔피언십의 경우 일본-한국-중국 순으로 열리고 있다. 2017년까지 7회째 개최했다. 아시아축구연맹이 EAFF E-1 풋볼 챔피언십 같은 지역 대회를 인정하는 한 A3 챔피언스컵을 거부할 명분은 없다. 또 동아시아축구연맹의 중국축구가 막대한 자금력을 앞세워 아시아에서 영향력을 확대하기 위해 갖은 노력을 다하고 있는 점도 긍정적이다.

대회 일정상의 문제는 겨울에 개최하는 방법으로 해결할 수 있다. 각국의 리그 및 컵대회, AFC 챔피언스리그 등이 모두 종료된 시점이기 때문이다. 실제 1~3회 A3 챔피언스컵은 2월에 열렸고 이후부터 8월에 개최되었다. 2월이면 어차피 전지훈련과 연습경기를 해야하는 시기다. 일본의 사이타마 시티컵이나 홍콩 구정컵처럼 프리시즌 대회는 새 시즌을 기다리는 축구 팬과 매체의 관심을 집중적으로 받는다. TV 중계권을 판매하기도 유리하다. 대회 참가와 전지훈련을 겸하거나 부가적인 교류 행사를 마련한다면 하나의 축구 이벤트 혹은 비즈니스 기회로 발전시킬 수도 있다.

또 한 가지 고려할 점은 개최 비용 문제이다. 대회 개최를 위해서는 많은 돈이 든다. 후원사의 모집이 중요한 부분이다. 2000년대에는 일본 기업이 힘을 썼다면 지금은 중국 기업에 기대를 걸 수 있다. 최근 CSL 구단의 모기업이 보여주는 씀씀이를 고려했을 때 후원사 유치는 크게 어렵지 않을 것으로 예상된다. 중국은 최고지도자가 직접 '축구굴기(足球崛起)'를 강조하고 있어 주요 기업들이 경쟁적으로 축구에 투자해왔다. 가령, 광저우 헝다 타오바오의 모기업인 부동산개발업체 헝다 그룹의 업계 라이벌 화샤싱푸 그룹이 엄청난 돈을 써가며 유명 선수를 영입하는 식이다. 이런 경쟁 심리를 활용한다면 스폰서십은 충분히 가능할 것으로 점쳐진다.

물론 막연히 잘 될 거라는 기대를 갖기 어려운 현실도 있다. 앞서 언급한 아시아축구연맹의 반응, 후원사 확보, 각 리그의 이해관계 같은 해결 과제와 함께 비교적 A3 챔피언스컵에 대한 적극성이 떨어지는 일본 축구의 참여와 의지를 어떻게 끌어낼 수 있을지가 쉽지 않은 부분이다. 일본은 FIFA 클럽월드컵 개최와 같은 독자적인 행보에 더 많은 관심을 쏟고 있다. 차선책으로 한국과 중국을 중심으로 한 가칭 A2 챔피언스컵(양국 리그 및 컵대회 우승팀 총 4팀 참가)을 개최하거나 호주, 홍콩 등 주변 리그 팀을 초청하여 대체하는 방법도 생각할 수 있다. 역시 최선책은 원래 A3 챔피언스컵을 재개하는 것이지만 말이다.

07.
성공적이었던 호주 아시안컵과 A리그

호주에서 열린 첫 번째 아시안컵인 '2015 AFC 아시안컵(AFC ASIAN CUP Australia 2015)'은 성공적이었다. 아시아에서 내로라하는 16팀이 모여 열띤 경쟁을 펼친 지난 2015년 대회에서 조별리그는 사우디아라비아의 탈락 외에는 특별한 이변이 없었지만 토너먼트 과정에서 의외의 결과와 박진감 넘치는 경기로 많은 축구팬들을 사로잡았다.

특히, 강력한 우승후보였던 이란과 일본을 상대로 이라크와 UAE가 각각 승리를 거둔 8강은 많은 화제를 불러 모았다. 대회동안 돌풍을 일으킨 UAE는 '디펜딩 챔피언' 일본을 승부차기로 제압하며 축구가 가진 예측불허의 매력을 선사했다. 또 이란과 이라크는 3골씩을 주고받는 접전 끝에 승부차기로 이라크의 진출이 가려져 보는 재미를 극대화시켰다. 아시안컵에서 흔히 볼 수 있는 고질적인 '침대축구'를 줄이려는 주최 측과 참가국의 노력에 힘입어 '실제경기시간(APT; Actual Playing Time)'이 늘었고 경기의 질도 한층 높아졌다는 평가가 뒤따랐다.

사실 호주에서 축구는 럭비, 크리켓, 테니스 등에 밀려 상대적으로 비인기 종목에 속했다. 때문에 아시안컵의 흥행을 점치기 쉽지 않았다. 그러나 홈팀인 호주가 출전한 개막전부터 25,000여명의 관중들이 모이며 좋은 징조를 보였고 경기를 거듭할수록 기대치를 웃도는 관중 수를 기록했다. 특히, 호주의 경기가 있는 날은 입장권이 매진될 정도로 큰 인기를 끌었다. 호주와 한국이 격돌한 결승전에는 대회 최다관중인 76,385명이 운집하기도 했다. 조별리그 24경기에서는 총 40만여 명이 입장했으며 대회 총 관중 수는 65만여 명에 달한다. 경기당 평균관중 수는 2만여 명이었다. 당초 아시아축구연맹은 55만 명의 관중 동원을 목표로 잡았었다. 2011년 카타르에서 열린 직전 대회의 총 관중 수가 약 41만 명이었음을 감안하여 높인 목표치를 상회한 결과인 셈이다.

2005-06 시즌부터 시작을 알린 호주 A리그가 8개에서 10개 참가팀으로 확대되었고 시드니와 멜버른 두 지역에 더비 매치가 형성되며 열띤 분위기를 이루는 등 축구에 대한 수요와 인기가 전반적으로 증가하고 있음을 감지할 수 있다. 가장 최근인 2012-13 시즌 A리그에 합류한 웨스턴 시드니 원더러스의 경우 데뷔 첫해에 지역 라이벌이자 리그 명문인 시드니FC를 여유 있게 제치고 정규리그 우승을 차지하는 파란을 일으켰다. 그 이듬해는 AFC 챔피언스리그에 출전한 웨스턴 시드니가 호주 A리그 구단 최초로 정상에 오르며 많은 관심을 집중시켰다. 이전까지 2008년 애들레이드 유나이티드가 준우승에 오른 것이 A리그의 최고 성적이었다.

당시 웨스턴 시드니의 선수단 몸값은 '샐러리캡(salary cap)'으로 인해 다른 아시아 리그 구단에 비하면 낮은 편이었다. 때문에 한동안 웨스턴 시드니와 A리그의 저비용-고효율의 운영 방식을 벤치마킹(benchmarking)하려는 주변의 시도가 이어졌다. 또 호주축구국가대표팀의 2011년 AFC 아시안컵 준우승을 비롯하여 호주축구의 선전은 자국 내 축구 열기를 높이는데도 기여했음은 물론이다.

개인적으로 2015년 대회 때 일본과 이라크, 대한민국과 호주의 조별리그 경기가 펼쳐졌던 브리즈번에서 현지의 축구 열기를 직접 경험할 수 있었고, 브리즈번 로어 FC의 구단 사무국도 방문하였다. 호주의 축구팬들은 자국 팀이 출전하지 않는 경기에도 '사커루(Socceroos)' 특유의 노란색 유니폼을 입고 삼삼오오 모여 경기장으로 향했다. 사커루는 사커와 캥거루의 합성어로 호주축구국가대표팀의 애칭이다. 한국대표팀과 호주의 경기가 열렸던 날은 시내가 들썩거릴 정도였다. 거리 곳곳에서 호주대표팀의 유니폼을 걸친 사람들을 목격할 수 있었다. 브리즈번 스타디움이 가까워질수록 큰 함성과 응원곡이 들려왔다. 노란색 유니폼을 입은 사람들이 워낙 많아서 흡사 축구의 나라 브라질에 있는 것 같은 착각이 들었다.

워낙 관광 문화가 발달해서인지 외부인에 대한 거부감이 크게 없었던 점도 아시안컵 열기에 기여했다. 길에서 마주친 현지인에게 대화를 걸어도 친절하게 응해주었으며 함께 사진을 찍고 농담을 건네기도 했다. 머무르는 동안 만난 이들은 호주뿐 아니라 인도, 바레인, 이라크, 이란, 일본 등 국적이 다양한 아시아인이었다. 2015년 호주 아시안컵의 슬로건은 'UNITE FOR THE ASIAN CUP(아시안컵을 위한 연합)'이었다. 대개 멋스러운 대회 구호일수록 현실과 동

떨어져 있는 경우가 많다. 그런데 호주의 슬로건은 참 잘 지은듯했다. 물론 축구만으로 하나가 되었다고 말하긴 어렵지만 단기간에 여러 아시아인과 교감을 나눌 수 있었던 건 분명 아시안컵 덕분이었을 것이다.

당시 호주와 한국의 조별리그 경기에는 5만 명에 가까운 관중이 들어차서 놀라기도 했다. 관람 시 이용한 좌석 등급은 '카테고리1'이었는데 호주달러로 99불, 즉 8만원이 조금 넘는 가격이었다. 다른 경기에서는 좋은 좌석도 30불(카테고리3은 15불부터)에 판매되었는데 호주가 출전하는 경기는 모두 3배 정도 가격이 뛰었다. 그래도 많은 사람들이 몰리는 걸 보면 축구 혹은 아시안컵의 인기가 상당하다는 생각이 들었다. 소소하지만 당일 입장권 소지 시 버스를 무임승차할 수 있게 한 혜택도 섬세함이 엿보였다. 입장 시 티켓의 바코드만 갖다 대면 확인 처리 되어 효율성도 높았다. 거기서 시간과 비용을 줄이는 대신 출입구에서 소지품(위험물) 검사를 철저하게 하며 안전한 대회운영에 만전을 기하는 모습이었다. 시내 순환버스나 와이파이(Wi-Fi; Wireless Fidelity)도 무료로 이용하기 용이해서 미디어의 취재 및 기사 작성에 도움이 되었다.

한편, 아시안컵 관련 프로모션도 분위기를 고조시켰다. 브리즈번 시내 중심가에서는 각 국가별 특색이 있는 공연이 펼쳐졌고 사물놀이 공연도 볼 수 있었다. 체험 부스에서는 디지털 기술을 활용하여 축구게임을 하거나 가상 경기의 하이라이트에 참가자가 출연하는 기회가 주어졌다. 각양각색의 페이스 페인팅을 실물에 합성시켜주는 프로그램도 신기했다. 단순한 일회성 체험이 아니라 모든 콘텐츠를 개인 이메일로 전송 받을 수 있게 해 참가자들은 더욱 잊지 못할 추억을 만들어갔다. 또 경기장 근처에서는 미니축구와 슈팅게임에 참가하기 위해 긴 줄이 늘어섰고 디제잉 공연, 풋볼 프리스타일, 아크로바틱 퍼포먼스 등 풍성한 볼거리가 제공되었다. 아시안컵 관련 소셜네트워크서비스(SNS; Social Network Services/Sites) 전파량이 기대치를 넘어선 것은 이러한 프로모션과 무관하지 않다.

호주는 자국의 스타플레이어인 팀 케이힐을 앞세워 아시안컵 첫 우승과 성공 개최라는 두 마리 토끼를 모두 잡았다. 2015년 대회를 축제로 인식하고 즐기는 현지인도 많았지만 축구 자체를 좋아하는 팬층도 예상을 뛰어 넘는 수준이었다. 현장에서 만난 호주축구 팬들은 자신의 연고 클럽을 자랑했고, 또 대표팀의 우승을 자신했다. 훌륭한 경기력과 팬들의 관심, 여러 마케팅 요소가 어우러져 호주 아시안컵의 성공으로 귀결되었다. 호주축구의 성장은 우리에게 분명 위협적인 요소지만 한편으로는 아시아 축구 발전을 위해서 긍정적이라 여겨진다. 지난 아시안컵의 흥행에 힘입어 차기 대회의 권위가 한층 더 높아지고 호주축구 또한 도약하는 계기로 삼길 바란다.

08.
WK리그 올스타전에 가다

지난 2016년 8월 21일 울산종합운동장에서 'IBK기업은행 2016 WK리그 올스타전'이 개최되었다. 한국여자축구연맹이 주최하고 울산광역시축구협회가 주관한 WK리그 올스타전은 앞서 2년 연속으로 중단되었다가 재개된 이벤트라서 무척 반가웠다. 그리고 예전과 다른 개최 방식을 시도했는데 WK리그 올스타팀을 선발하고 처음으로 해외 구단을 초청하여 대결 구도를 이뤘다.

홈팀인 WK리그 올스타는 한국여자축구연맹 기술위원회를 통해 WK리그 7개 구단에서 선발되었다. 총 22명의 올스타 중에 이천대교 소속 선수가 9명으로 가장 많았다(이하 2016년 기준). 그리고 인천현대제철 4명, 구미스포츠토토 3명, 화천KSPO 3명, 수원시시설관리공단 1명, 서울시청 1명, 보은 상무 1명으로 구성되었다. 올스타팀의 지휘봉은 당시 이천대교의 박남열 감독이 잡았다. WK리그 올스타 중 강가애, 하은혜(이상 구미), 이민아, 임선주, 장슬기(이상 인천), 권은솜, 문미라, 서현숙(이상 이천), 김수연(화천), 신담영(수원) 등은 여자축구대표팀의 일원으로 활약한 선수들이다. 부상에서 복귀 후 좋은 경기력을 보이고 있던 심서연, 박은선(이상 이천)까지 포함하면서 WK리그 올스타는 거의 대표팀 수준의 구성으로 볼 수 있었다.

역대 WK리그 올스타전

연도	일자	장소	결과
2009	8월 10일	목포국제축구센터	중부 올스타 3 - 0 남부 올스타
2010	7월 1일	화천생활체육주경기장	중부 올스타 3 - 4 남부 올스타
2011	6월 13일		가이아 9 - 6 아테나
2012	6월 4일	보은공설운동장	블루미르 5 - 4 레드미르
2013	6월 3일		판타지스타 4 - 4 페노메논
2014	개최 취소		
2015	미개최		
2016	8월 21일	울산종합운동장	WK리그 올스타 1 (5 PSO 3) 1 1.FFC 프랑크푸르트
2017	11월 25일	인천남동아시아드 럭비경기장	WK리그 올스타 2 (4 PSO 2) 2 고베 아이낙

독일에서 날아온 1.FFC FRANKFURT(이하 프랑크푸르트)는 2015 시즌을 비롯하여 유럽여자축구를 네 차례나 제패한 강팀이었다. 자국 리그와 컵대회 우승 전력은 더 많았다. 지난 리우데자네이루 올림픽 여자축구에서 독일이 금메달을 획득했듯이 프랑크푸르트 선수들의 기본적인 수준도 상당히 높다고 볼 수 있었다. 게다가 당시 독일 여자대표팀의 사스키아 발투시악과 맨디 이즈래커, 케더린 헨드릭을 비롯하여 소피 슈미트(캐나다), 그로는 제키(네덜란드), 크노고르비치 애나마리아(스위스), 오기미 유키(일본) 등 다국적의 대표선수를 보유하고 있어 더욱 위협적인 팀이었다. 올림픽 참가로

인해 일부 선수가 빠졌지만 주요 공격자원인 그로는 제키, 크노고르비치 애나마리아, 오기미 유키가 WK리그 올스타전에 모습을 나타냈다.

올스타전이지만 현장 분위기는 여느 때와 달리 진지함으로 가득했다. 대표팀급 위용을 자랑한 WK리그 올스타와 유럽여자축구의 강호인 프랑크푸르트가 맞붙었기 때문이다. WK리그 올스타팀은 선발로 이민아, 박희영(인천), 김상은, 박지영(이상 이천)을 전방에 배치했다. 권하늘(보은)과 권은솜은 미드필드에서 공수를 연결했고 송수란(구미), 심서연, 박은선, 최수진(화천)이 수비벽을 구축했다. 골문은 전민경 골키퍼(이천)가 지켰다.

프랑크푸르트도 초반부터 주요 선수를 모두 내세웠다. 9월에 시작되는 새 시즌을 앞두고 전력 점검의 기회로 삼기 위해서였다. 특히, 공격진의 멍크 리즈 오버가드, 오기미 유키, 크노고르비치 애나마리아가 경계 대상이었다. 프랑크푸르트는 체격적인 우위를 바탕으로 힘차게 밀어붙였다. 이에 WK리그 올스타는 빠르고 세밀한 플레이로 맞섰다.

전반 20분, 중앙수비수로 나선 박은선이 프리킥 상황에서 곧바로 강렬한 슈팅을 날렸고 상대 골문을 강타하며 공격 본능을 드러냈다. 곧바로 이어진 공격에서 권은솜의 끈기 있는 헤더 패스를 박희영이 발리슈팅으로 연결하며 상대 골문을 열었다. 시원한 골에 모든 관중이 열광했다. 그리고 올스타전의 묘미인 골 세리머니가 펼쳐졌다. 올림픽을 기념하여 선수들이 레슬링 경기 장면을 표현하며 웃음을 선사했다. 실점에 자극을 받은 듯 프랑크푸르트는 더 강하게 나왔다. 하지만 WK리그 올스타팀의 수비는 견고했다.

후반 들어 WK리그 올스타팀은 총 7명의 선수를 교체했다. 부상 중인 선수를 제외하면 거의 모든 선수가 그라운드를 밟았다. 반면, 프랑크푸르트는 선수 교체를 아끼며 전력을 유지했다. 그리고 WK 리그 올스타팀의 조직력이 조금 느슨해진 틈을 타 프랑크푸르트가 강팀다운 한방을 날렸다. 후반 18분, 멍크 리즈 오버가드의 스루패스를 받은 크노고르비치 애나마리아가 수비진을 뚫고 동점골을 성공시킨 것이다.

이후 추가 득점 없이 무승부로 정규시간이 종료되었다. 특이하게도 연장전 없이 승부차기로 끝을 봤다. 강가애 골키퍼가 프랑크푸르트의 세 번째 키커로 나선 그로는 재키의 슈팅을 막아낸 것이 결정적이었다. 승부차기에 나선 5명의 WK리그 올스타는 전원 오른쪽 하단을 공략했고 결국 승리의 기쁨을 맛봤다. 사실 경기 결과보다 더욱 값진 것은 경험이었다. WK리그 선수들은 유럽 축구를, 나아가 관중들은 여자축구의 매력을 경험할 수 있었다.

2016 WK리그 올스타전의 대진과 경기 내용은 분명 흥미로웠다. 하지만 올스타전이라는 이벤트 특성상 경기 외적인 재미도 중요한 비중을 차지한다. 에스코트 키즈, 키다리 삐에로와 KFA 마스코트 백희의 응원전, 하프타임 밸리댄스 공연, 폭죽, 싸인볼 선물, 'Queen of the match' 시상식(권은솜 및 크노고르비치 애나마리아 공동수상) 등이 있었지만 올스타전 이벤트 및 프로모션에서 약간 아쉽게 느껴졌다. 올스타전 후원에 나선 IBK기업은행, 울산광역시, 문화체육관광부, 국민체육진흥공단, 윌슨(공인구), 조인트힐병원,

자이크로(유니폼), 모로스포츠나 한국여자축구연맹의 홍보부스 정도는 운영했으면 어땠을까 싶다. WK리그와 여자축구를 더 많이 알릴 수 있는 좋은 기회였기 때문이다. 또 경기 전후로 으레 있는 선수단 싸인회조차 없었기에 팬들은 관중석 아래 라커룸으로 오가는 선수들을 붙잡고 싸인을 받아야했다. 오히려 프랑크푸르트 선수들이 사진 촬영이나 팬 서비스에 여유롭게 임하며 즐기는 모습이었다.

2016 WK리그 올스타전을 지켜본 관중 수는 1,500여명이다. 자주 열리는 이벤트가 아닌데다 무료 경기였음에도 아쉬움이 남는 관중 수다. SNS 활용이나 지역 내 홍보가 부족했음을 실감했다. 물론 경기장을 찾은 관중 모두 '대~한민국!'을 외치며 즐거워했지만 흥행 면에서 아쉬운 부분이 있는 올스타전이었다. 그럼에도 여러 지역에서 여자축구를 경험할 수 있도록 개최하는 점은 긍정적으로 생각된다. 덕분에 처음 울산종합운동장을 방문했는데 깔끔한 시설이 인상적이었고 인근에서 맛본 울산 물회도 기억에 남는다. 국제심판인 정지영 주심과 김경민 부심을 비롯하여 고은비 부심, 차민지 대기심 등 여성 심판진의 판정을 볼 수 있었던 것도 WK리그 올스타전만의 매력일 것이다. 앞으로도 다양한 지역에서 WK리그 올스타전을 볼 수 있길 기대한다. 그리고 선수와 팬이 소통할 수 있는 기회가 마련되길 바란다. 2017년 올스타전처럼 팬 투표를 반영하여 올스타 선수 및 감독을 선발한 방식은 바람직한 변화이다. 2년 연속으로 해외 명문 팀에 승리를 거둔 점도 차기 올스타전에 대한 기대감을 높인다.

09.
FIFA U-20 월드컵 코리아의 중요성

2017년에 세 번째 월드컵이 한국에서 열렸다. 바로 'FIFA U-20 월드컵 코리아 2017(FIFA U-20 World Cup Korea Republic 2017)'이다. 제21회 FIFA U-20 월드컵이 5월 20일부터 6월 11일까지 전라북도 전주시(개막전), 대전광역시, 인천광역시, 제주특별자치도, 충청남도 천안시 그리고 경기도 수원시(본부 도시 및 결승전)에서 펼쳐졌다. 6개 대륙에서 24개국의 U-20 대표팀이 참가하여 열전을 벌였고 잉글랜드가 대회 최초의 우승을 차지했다.

FIFA U-20 월드컵은 1977년 'FIFA 세계청소년선수권대회(FIFA World Youth Championship)'로 출발한 뒤 2007년부터 현 대회로 거듭났다. 2년마다 열리며 24개 팀이 본선에서 경합한다. 이 대회는 조금씩 두각을 나타내는 젊은 선수들이 재능을 뽐내는 장으로써 특별한 의미가 있다. 특히, 한국 대회 직후 러시아에서 FIFA 컨페더레이션스컵이 열렸고 2018년에는 월드컵도 있는 만큼 꿈의 무대를 향한 영건의 질주가 이목을 집중시켰다.

그동안 많은 스타플레이어가 FIFA U-20 월드컵을 통해 이름을 알린 바 있다. 디에고 마라도나(아르헨티나), 베베토(브라질), 루이스 피구(포르투갈), 라울 곤잘레스(스페인), 티에리 앙리(프랑스), 호나우지뉴(브라질), 리오넬 메시(아르헨티나), 폴 포그바(프랑스) 등이 대표적이다. 사실 이 대회는 아르헨티나와 그 선수들을 빼놓고 논하기 어렵다. 다른 FIFA 대회에서는 명성에 비해 큰 힘을 쓰지 못했던 아르헨티나지만 FIFA U-20 월드컵만큼은 강한 면모를 보여줬기 때문이다. 아르헨티나는 라이벌인 브라질을 제치고 대회 통산 6회로 최다우승 기록을 보유 중인데 거기에는 당시 '루키'였던 디에고 마라도나, 하비에르 사비올라, 리오넬 메시, 세르히오 아구에로 같은 선수들의 활약이 있었다. 이들은 모두 골든볼(MVP)이나 골든부츠(득점상)까지 거머쥐었다.

FIFA U-20 월드컵의 우승 성적으로만 따지면 아르헨티나, 브라질(통산 5회) 등 남미의 강세가 두드러지는 가운데 포르투갈과 세르비아가 2회씩 우승했고 2017년 대회에서 잉글랜드가 첫 우승을 차지하며 최근 들어 유럽축구의 분위기가 살아나고 있다. 특히, 유럽축구는 세 대회 연속 우승 팀을 배출했는데 모두 결승에서 남미축구를 꺾었다. 2013년 프랑스가 우루과이를, 2015년 세르비아가 브라질을 꺾었고 2017년 잉글랜드는 베네수엘라를 누르고 우승 트로피를 들어올렸다.

앞서 세르비아를 필두로 우크라이나, 헝가리, 체코 등 동유럽의 젊은 세대가 약진하는 분위기에서 '득점왕' 빅토르 코발렌코(우크라이나), '골든글러브' 프레드락 라즈코비치(세르비아) 같은 이름이 알려진 바 있다. 2017년 대회에서는 리카르도 오르솔리니(이탈리아),

도미닉 솔란케(잉글랜드)가 각각 골든부츠와 골든볼을 거머쥐며 차세대 스타로 떠올랐다.

FIFA U-20 월드컵의 경우 한국축구도 좋은 추억이 있는 대회이다. 거슬러 올라가 1983년 멕시코 대회에서 4강에 오르는 이변을 만들었기 때문이다. 당시 한국대표팀의 활약은 세계 축구계에 깊은 인상을 남겼고 페어플레이상도 수상했다. 2017년 대회에서는 조별리그에서 잉글랜드에 1-0으로 석패했을 뿐 기니와 강호 아르헨티나를 무너뜨리고 16강에 진출했다. 또 '바르셀로나 듀오' 이승우와 백승호가 매력적인 플레이로 많은 주목을 받았다.

경기 외적으로 한국은 2001년 FIFA 컨페더레이션스컵, 2002년 FIFA 월드컵, 2007년 FIFA U-17 월드컵에 이어 FIFA U-20 월드컵까지 모두 개최하며 FIFA 대회 개최의 '그랜드슬램(Grand Slam)'을 달성했다. 일단 2002년 월드컵 개최부터 어려운 일로 FIFA 회원국 211개 중 단 16개국만이 경험한 바 있다. 월드컵만큼은 아니지만 역시나 많은 축구팬의 관심을 받는 각 연령대별 월드컵도 결코 가벼운 대회가 아니다. 때문에 각급 월드컵(남자부)까지 모두 개최한 전례는 드문 편이다. 2001년에 있었던 컨페더레이션스컵까지 포함하여 FIFA 주최의 4대 국가대항전을 모두 개최한 나라는 일본, 멕시코 그리고 한국뿐이라는 점에서 FIFA U-20 월드컵 개최의 중요성을 찾을 수 있다.

총 52경기에 모인 관중 수는 41만 795명(경기당 7,900명)이다. 2013년 터키(29만명), 2015년 뉴질랜드(40만명) 대회의 관중 수보다 앞선 수치이다. 참고로 1977년부터 2017년까지 FIFA U-20 월드컵 경기당 평균 관중 수는 15,000명 정도로 총 관중 수 100만 명을 넘긴 곳은 멕시코(1983), 캐나다(2007), 이집트(2009), 콜롬비아(2011) 뿐이다. 관중 외에 FIFA 대표단, 각국 선수단 및 관계자, 심판진 등 직접 참가자 1,000여명, 각국 미디어와 후원사, 초청인사 등 관련 참가자 8,000여명의 방한만 해도 파급효과가 클 것으로 기대한다. 또한, 이들이 경기뿐 아니라 그 외적인 부분에서 어떤 인상을 안고 돌아갔을지 무척 궁금하다.

나름의 성과를 거둘 수 있었던 이유는 대회를 앞두고 2017피파 20세월드컵조직위원회와 각 개최지역이 손님맞이에 적극적으로 나선 덕분이다. 우선 조직위원회는 공모와 온라인투표를 통해 선정한 대회 슬로건 'Trigger the Fever(열정을 깨워라)'를 비롯해 엠블럼, 마스코트(차오르미)를 순차적으로 발표하며, 열기를 고조시켰다. 2016년 하반기부터 티켓 판매도 시작했는데 조기구매에 따른 얼리버드(early bird) 할인, 베뉴 패키지(venue package) 판매 등 티켓 종류를 다양화하는 한편, 초청권 사용을 최소화하여 총 44만 여 장의 티켓을 판매하는 성과를 냈다. 또 세계가 인정한 '축구 레전드' 차범근 전 국가대표팀 감독을 조직위원회 부위원장으로 선임했고, '월드컵 스타' 안정환과 박지성을 FIFA U-20 월드컵 코리아 2017 홍보대사로 위촉하며 다양한 인적 홍보 활동에 나서기도 했다. 2017 FIFA U-20 월드컵 기자단으로 선발된 'U20 크루(U20 CREators for World Cup)'는 SNS를 통해 대회를 알리는데 기여했다.

본부 도시이자 결승전이 열린 수원시의 경우 '2016 수원JS컵 U-

19 국제 청소년 축구 대회'와 '리우데자네이루 올림픽 출전 4개국 국가대표 축구대회'를 통해 사전 점검에 나섰고 수원월드컵경기장을 보수하기도 했다. 더하여 U-20 월드컵 지원 시민협의회가 출범하여 대외협력·시민참여·미디어홍보를 도왔다. 개막전이 열린 전주시에서는 FIFA U-20 월드컵에 초점을 맞춘 여행상품을 개발하고, 홍보체험관을 운영했다. 또한, 시민주도의 화분거리 조성 캠페인을 통해 아름다운 도시 경관을 정비했으며, 전주지역의 법인택시 1,530대와 개인택시 2,300여대가 대회 홍보 스티커를 부착하고 운행하도록 손을 맞잡았다. 다른 개최 지역도 저마다 특색을 살린 활동으로 관람객의 관심을 끌었다.

이처럼 FIFA U-20 월드컵 개최를 계기로 과거의 월드컵 유산을 적극적으로 활용할 수 있길 기대한다. 마침 2017년은 2002년 월드컵과 2007년 U-17 월드컵이 열린지 15주년, 10주년이 되는 해였다. 10개 월드컵경기장과 2002년 월드컵기념관 그리고 거리 곳곳에 잠들어있는 월드컵의 추억을 다시금 일깨웠으면 한다. 그리고 서울월드컵경기장 내 2002 FIFA 월드컵기념관을 풋볼 팬타지움으로 바꿔 호응을 얻고 있듯이 국내·외 관광객이 언제든 방문하고 싶게끔 재단장하고 이야깃거리를 발굴하면 좋겠다. 비교적 덜 알려졌지만 '2007 FIFA U-17 월드컵(FIFA U-17 World Cup Korea 2007)' 개최도 훌륭한 자산이다. 관련 사진, 기념품을 전시하거나 당시 활약했던 선수를 재조명하는 것도 의미 있겠다. 그 다음으로는 FIFA의 3대 여자월드컵 대회 유치를 노려보자.

10.
FIFA 컨페더레이션스컵의 묘미

2017년 6월 중순부터 펼쳐진 'FIFA 컨페더레이션스컵 러시아 2017(FIFA Confederations Cup Russia 2017)'이 7월초 독일의 우승으로 막을 내렸다. 카메룬, 호주, 독일, 포르투갈, 러시아, 멕시코, 뉴질랜드, 칠레 등 총 8개국의 대표팀이 참가하여 일명 '작은 월드컵' 혹은 '대륙간 컵대회'의 최강자를 가렸다.

강력한 우승 후보는 포르투갈과 칠레였다. 각 유럽과 남미의 챔피언 자격으로 출전한 만큼 기본적인 저력이 있는데다 크리스티아누 호날두, 나니, 콰레스마, 페페, 무티뉴(이상 포르투갈), 알렉시스 산체스, 비달, 바르가스, 클라우디오 브라보(이상 칠레) 등 스타플레이어의 존재감도 여느 팀보다 컸기 때문이다.

하지만 반전의 주인공은 독일이었다. 분명 세계 챔피언 자격으로 참가한 강호지만 평균 24세의 젊은 선수단으로 대회에 참가하면서 지난 월드컵과 사실상 다른 색깔의 팀으로 임했기 때문이다. 독일 B대표팀이라는 비아냥거림이 뒤따랐지만 '뢰브의 아이들'은 강했다. 조별 경기에서 칠레와 비겼을 뿐 2승을 따내며 B조 1위로 4강에 올랐다. 이후 멕시코를 4-1로 완파했고 결승에서 기어이 칠레를 1-0으로 꺾었다. 독일은 처음으로 컨페더레이션스컵(이하 컨페드컵) 정상을 차지하는 등 여러 가지로 화제를 모았다.

아시아 대표로 나선 호주를 보노라면 한국대표팀이 지난 2015년 AFC 아시안컵에서 거둔 준우승을 새삼 아쉽게 느껴지게 만들었다. 또 한편으로는 한국대표팀이 참가하지 않았고 러시아에서 대회가 열린 관계로 시차가 크긴 했지만 국내에서 생각보다 더 조용하게 컨페드컵이 지나간듯하다. 사실 컨페드컵은 대륙별 챔피언이 맞붙는 특성상 어느 정도 흥행성과 권위를 갖춘 대회이다. 참가국뿐 아니라 대륙별 연맹도 자연스럽게 관여하므로 중계권 판매나 마케팅 효과의 범위도 비교적 넓은 편이다. 2017년 대회의 경우 총 16경기에 63만여 명의 관중이 운집했다. 경기당 4만 명에 달하는 높은 수치이다.

많은 관중과 미디어 앞에서 'FIFA 파트너'는 스폰서십 효과를 톡톡히 누렸다. 특히, 2002년 월드컵부터 FIFA와 함께하고 있는 현대자동차는 컨페드컵 공식차량을 지원하며 상당한 홍보효과를 얻었다. 'Be There With Hyundai' 같은 글로벌 이벤트도 축구팬의 관심을 끄는데 성공했다. 'Be There With Hyundai'는 컨페드컵에 참가한 8개국 대표팀의 선수단 버스를 장식할 슬로건을 공모하는 이벤트였다. 103개국 이상에서 수천 명이 아이디어를 쏟아냈으며 각 대표팀마다 3개씩 예비 슬로건이 추려졌다. 이후 FIFA 홈페이지에서 팬 투표로 최종적인 8개의 슬로건이 선정되었다. 각 슬로건은 해당 선수단 버스에 새겨졌으며 아이디어 제안자는 러시아 여행과 컨페드컵을 경험할 수 있는 특급 선물을 받았다. 꽤나 흥미로운 참여형 이벤트였다. 참고로 현대자동차 그룹은 2018년과 2022년 FIFA 월드컵에서도 스폰서십에 나선다.

컨페드컵은 마케팅 외에도 차기 월드컵 개최지에서 열리는 만큼 개최국과 FIFA가 사전에 경기장, 훈련장, 숙소 같은 시설 및 교통·통신, 행정 등 다방면의 준비사항을 점검하는 기회로 삼는 의미가 있다. 비디오판독 시스템처럼 월드컵 경기에 커다란 영향을 미치는 새로운 시스템이나 규정의 시험도 이뤄진다. FIFA 컨페더레이션스컵에 한국대표팀이 아시아 챔피언으로서 참가할 날을 그려본다. 마침 2022년 카타르 월드컵에 앞서 아시아에서 열릴 차기 컨페드컵이 좋은 무대가 아닐까싶다. 앞서 언급한 바와 같이 컨페드컵은 알수록 매력적인 대회임에도 의외로 많이 주목받지 못한 감이 있다.

역대 FIFA 컨페더레이션스컵

횟수	개최연도	개최국	우승	준우승	MVP	득점상
1	1997	사우디아라비아	브라질	호주	데니우손 (브라질)	호마리우 (브라질)
2	1999	멕시코	멕시코	브라질	호나우지뉴 (브라질)	호나우지뉴 (브라질)
3	2001	한국·일본	프랑스	일본	로베르 피레 (프랑스)	로베르 피레 (프랑스), 에릭 카리에르 (프랑스)
4	2003	프랑스	프랑스	카메룬	티에리 앙리 (프랑스)	티에리 앙리 (프랑스)
5	2005	독일	브라질	아르헨티나	아드리아누 (브라질)	아드리아누 (브라질)

횟수	개최연도	개최국	우승	준우승	MVP	득점상
6	2009	남아프리카 공화국	브라질	미국	카카 (브라질)	루이스 파비아누 (브라질)
7	2013	브라질	브라질	스페인	네이마르 (브라질)	페르난도 토레스 (스페인)
8	2017	러시아	독일	칠레	율리안 드락슬러 (독일)	티모 베르너 (독일)

컨페드컵이라고 부르기도 하는 'FIFA 컨페더레이션스컵(FIFA Confederations Cup)'은 국제축구연맹이 독자적으로 개최하는 축구대회 중 유일하게 월드컵 명칭이 붙지 않는 대회이다. 1992년 사우디아라비아에서 '킹 파드컵(King Fahd Cup)'이라는 명칭으로 운영된 자체 대회가 컨페드컵의 전신이다. 당시 개최국 자격으로 사우디아라비아가 참가하여 준우승을 거뒀고 아르헨티나가 우승을 차지했다. 그리고 미국과 코트디부아르가 북미와 아프리카를 대표하여 참가했다.

다음 대회는 1995년에 열렸는데 총 6개 팀이 참가하면서 규모가 더욱 커졌다. 그리고 유로 1992(당시 UEFA 유럽축구선수권대회)의 우승팀인 덴마크가 참가하면서 대륙 간 경쟁 구도가 더욱 뚜렷해졌다. 이 대회에서 덴마크가 우승, 아르헨티나가 준우승을 거뒀다. 그 외 주최국인 사우디아라비아와 함께 일본, 멕시코(3위), 나이지리아(4위)가 참가했다. 한편, 차기 대회부터 FIFA가 직접 주최하는 것으로 합의함에 따라 1997년 컨페더레이션스컵이라는 명칭으로 첫 개최되었다. 또한, FIFA는 골든볼과 골든부츠 그리고 페어플레이상을 신설했고, 2009년 대회부터 골든글로브도 시상하고 있다.

새롭게 태어난 첫 컨페드컵도 사우디아라비아에서 열렸으며, 참가국은 8개 대표팀으로 늘어났다. 참가팀은 6개 대륙별 챔피언, 직전 월드컵 우승팀 그리고 차기 월드컵 개최국으로 구성된다. 8개 팀이 2개 조로 나눠져 리그전을 거친 뒤 각 조별 상위 2개 팀이 토너먼트로 4강 및 결승, 3·4위전을 갖는다.

1999년에는 처음으로 사우디아라비아가 아닌 다른 곳에서 대회가 열렸으며 개최국인 멕시코가 브라질을 꺾고 우승을 차지했다. 2001년에 열린 컨페드컵은 중요한 전환점이 되었다. 이듬해 한국과 일본에서 열릴 월드컵을 고려하여 사전 점검의 의미가 부여되었기 때문이다. 이 대회를 기점으로 차기 컨페드컵은 월드컵 직전 해에 해당 개최국에서 열리는 것으로 정착되었다.

2003년 대회는 프랑스에서 열렸다. 당시 2년마다 개최되던 컨페드컵은 2005년부터 FIFA 월드컵에 맞춰 4년 주기 개최로 변경되었다. 2009년부터는 골든글로브를 선정하고 있으며 첫 수상자는 미국의 팀 하워드 골키퍼이다. 참고로 2013년에는 줄리우 세자르(브라질), 2017년에는 클라우디오 브라보(칠레)가 골든글로브 수상자로 뽑혔다. 브라질은 컨페드컵에서 개인 수상자의 최다 배출(골든볼 5명·골든부츠 4명·골든글로브 1명)과 함께 최다 결승 진출(5회) 및 우승(4회) 기록을 보유하고 있다. 호마리우(브라질)는 1997년 대회에서 7골을 넣으며 골든부츠를 신었으며, 대회 최다득점 기록을 오랜 기간 유지하고 있다.

흥미로운 기록이 또 있다. 컨페드컵의 우승팀이 이듬해 열리는 월드컵에서 우승하지 못하는 징크스에 관한 것이다. 컨페드컵에서 최다 우승을 차지한 브라질조차 연속으로 월드컵 우승을 달성하지는 못했다. 컨페드컵의 준우승 팀도 이어서 열린 월드컵에서 유난히 힘을 쓰지 못했다. 이른바 '컨페드컵의 저주'라고 불리는 이유다. 우승팀에게는 불길한 징크스지만 축구팬에게는 또 다른 흥미요소로 여겨지고 있다. 2017년 컨페드컵에서 우승과 준우승을 차지한 독일, 칠레가 러시아 월드컵에서 어떤 결과를 거둘지 기대를 모은다.

11.
동아시아축구연맹
E-1 풋볼 챔피언십 2연패의 가치

한국남자축구국가대표팀이 2017년 12월에 열린 'EAFF E-1 풋볼 챔피언십(EAFF E-1 Football Championship 2017 Final Japan)'에서 감격적인 우승을 차지했다. 과거 동아시안컵으로 불리던 대회로 한국대표팀은 2015년에 이어 2연패를 달성했다.

EAFF E-1 풋볼 챔피언십의 전신인 동아시안컵은 2002년 출범한 동아시아연맹(EAFF; East Asian Football Federation)이 동아시아 권역의 교류와 축구를 향상시키기 위해 창설했다. 2003년 남자부 대회가 먼저 시작되었고, 2005년부터 여자부 대회도 함께 치러지고 있다. 초기 동아시아 축구선수권대회로 불리다가 2013년 EAFF 동아시안컵, 2017년 EAFF E-1 풋볼 챔피언십으로 대회 명칭이 변모했다.

동아시아축구연맹에 가입한 10개 팀 중 자동진출국을 제외한 나머지 팀이 예선을 거쳐 본선에서 맞붙지만 친선전의 의미가 큰 편이다. 하지만 참가팀마다 복잡한 상황과 명분이 있어서 결코 가볍지 않은 대회이기도 하다. 일본, 한국, 중국 순으로 2년 주기의 순환 개최를 이어가고 있는데, 2017년 대회 남자부 본선은 일본 도쿄 아지노모토 스타디움에서 개최되었다. 한국, 일본, 중국이 자동 진출했고, 7개 팀이 1~2차 예선을 거쳐 북한이 참가를 확정지었다. 2013년 대회 때는 호주가 초청팀 자격으로 2차 예선부터 본선까지 참가하기도 했다.

대회 상금의 경우 참가팀 모두에게 돌아간다. 우승 팀이 25만 달러(약 2억 8,000만 원), 준우승 팀이 15만 달러(약 1억 6,800만 원), 3위 팀이 10만 달러(약 1억 1,200만 원), 4위 팀은 5만 달러(약 5,600만 원)를 받는다. 참고로 남자부 우승 상금이 여자부보다 더 많다. 또 대회 MVP, 최다득점상, 최우수수비수상, 최우수골키퍼상, 최우수심판상, Best Duel Team, Best Duel Player을 선정해 시상한다.

역대 EAFF E-1 풋볼 챔피언십(동아시안컵)

횟수	개최연도	개최국	남자부 순위	득점상	MVP
1	2003	일본	우승: 한국 준우승: 일본 3위: 중국 4위: 홍콩	구보 다쓰히코 (일본/2골)	유상철 (한국)
2	2005	한국	우승: 중국 준우승: 일본 3위: 북한 4위: 한국	-	지밍이 (중국)
3	2008	중국	우승: 한국 준우승: 일본 3위: 중국 4위: 북한	야마세 고지(일본), 정대세(북한), 박주영(한국), 염기훈(한국) / 2골	김남일 (한국)

횟수	개최연도	개최국	남자부 순위	득점상	MVP
4	2010	일본	우승: 중국 준우승: 한국 3위: 일본 4위: 홍콩	취보(중국), 다마다 게이지(일본), 이승렬(한국), 이동국(한국) / 2골	두웨이 (중국)
5	2013	한국	우승: 일본 준우승: 중국 3위: 한국 4위: 호주	가키타니 요이치로(일본/3골)	야마구치 호타루 (일본)
6	2015	중국	우승: 한국 준우승: 중국 3위: 북한 4위: 일본	무토 유키(일본 /2골)	장현수 (한국)
7	2017	일본	우승: 한국 준우승: 일본 3위: 중국 4위: 북한	김신욱(한국/3골)	이재성 (한국)

2017년 대회에서 한국대표팀은 2승 1무로 정상에 올랐다. 총 7회 열린 대회에서 4회로 최다 우승국의 위엄도 과시했다. 그 뒤를 중국(2회), 일본(1회)이 따르고 있다. 한국은 남자부 최초로 2회 연속 우승이라는 대회 기록을 세웠다. 한편, 개최국이 우승하지 못하는 징크스가 계속 이어졌다.

결과적으로 좋은 성과를 거뒀지만 과정이 순탄치만은 않았다. 그래서 더 짜릿하게 느껴진다. 첫 상대인 중국부터 그랬다. 한수 아래라고 생각했지만 전반 9분 만에 웨이샤오가 벼락같은 슈팅으로 선제골을 빼앗겼다. 그러나 한국은 당황하지 않고 반격에 나섰으며, 전반 12분 김신욱의 골로 균형을 맞췄다. 이어서 이재성이 역전골을 넣으며 공한증이 재현되는듯했다. 하지만 후반 31분 위다바오가 헤더로 동점골을 기록했고 무승부로 마무리되었다. 다음 상대는 북한이었다. FIFA 순위에서 큰 차이가 났지만 과거 동아시안컵에서 만날 때면 유독 승부를 가리지 못했다. 또 다시 고전하던 한국은 후반 19분 김민우가 크로스를 올리자 진성욱과 경합하던 북한 수비수의 자책골로 승기를 잡았다. 이후 장현수를 중심으로 한국의 수비벽이 탄탄하게 뒷받침하며 무실점으로 경기를 마쳤다. 0-1로 간신히 첫 승을 올리며 우승에 대한 희망을 살릴 수 있었다.

최종전에서 성사된 한일전의 경우 36,645명이 아지노모토 스타디움을 찾았다. 앞서 열린 일본과 중국의 경기에 17,220명이 관중수로 공식 집계된 점을 감안하면 한일전에 대한 여전히 뜨거운 관심을 확인할 수 있다. 물론 결승전의 의미도 있었다. 일본은 비겨도 우승을 확정짓는 상황에서 경기가 시작되었다. 전반 3분 만에 고바야시 유가 페널티킥을 성공시키며 앞서나갔다. 관중석은 그야말로 축제 분위기에 휩싸였다. 그러나 한국은 기죽지 않고 추격에 나섰다. 그리고 전반 13분 김신욱의 동점골을 시작으로 정우영이 역전골을 성공시켰다. 이어서 김신욱이 세 번째 골을 추가했고, 염기훈의 쐐기골로 1-4라는 놀라운 스코어를 완성시켰다. 역전승 그리고 역전우승을 이뤄낸 것이다. 이 경기의 결과는 남자부 대회 최초로 연속 우승을 달성한 것 외에도 많은 가치를 창출했다.

우선 한국대표팀은 지난 2010년 5월 남아프리카공화국 월드컵을 앞두고 일본 사이타마에서 열린 평가전에서 승리를 거둔 이후 무려 7년 7개월 만에 한일전에서 승리했다. 또 일본을 상대로 한 3골차 승리는 2011년 8월 한국이 3-0으로 패했던 '삿포로 참사'에 대한 6년 만의 설욕인 셈이었다. 거슬러 올라가면 한국축구사에서 일본을 상대로 4골 이상 기록한 것은 1979년 6월 한일 정기전(4-1 승) 이후 38년 만이며, 원정에서 4득점 이상으로 승리한 것은 1954년 스위스 월드컵 예선전(1-5 승) 이후 63년만의 쾌거다. 또한, 한일전 최초의 프리킥 득점과 두 번째 득점이 한 경기에서 연속으로 나오기도 했다. 그 주인공은 정우영과 염기훈이다.

대회 개인상도 디펜딩 챔피언이 휩쓸었는데 이재성(MVP), 김신욱(최다득점상), 장현수(최우수수비상), 조현우(최우수골키퍼상)가 수상자로 선정되었다. 장현수의 경우 2015년 대회에서 MVP로 뽑히기도 했다. 또 경기에서 뛰어난 활약과 공헌도를 '듀얼 포인트'로 수치화해서 우수한 팀과 선수에게 수여한 'au Stats Award'도 한국 대표팀(Best Duel Team)과 이재성 선수(Best Duel Player)에게 돌아갔다('au'는 대회 공식 스폰서이자 일본 전기통신기업 KDDI의 브랜드이다). 전반적으로 국내파 선수들의 활약이 돋보였고 경쟁력을 확인할 수 있었다. 특히, 그동안 대표팀에서 조커로 활용되었던 공격수 김신욱의 능력이 유감없이 발휘되었다. 대회 내내 주전으로 기용되었고 화답하듯이 3경기에서 3골 1도움을 올리며 개인상과 함께 팀 우승에 기여했다. 이전까지 A매치 38경기에서 3골만을 기록하며 오랜 시간 침묵했던 김신욱이지만 물오른 득점 감각과 자신감을 회복한 값진 대회였다.

더하여 꽤 오랜 기간 이어지던 원정 무승 꼬리표를 떼고 신태용호 체제에서 첫 우승컵을 들어 올림으로써 감독과 선수단 전체의 사기도 높일 수 있었다. 한국대표팀은 지난 월드컵 예선 역대 최초로 원정 무승이라는 쓸쓸한 기록을 남긴 바 있다. 한동안 이어지던 지독한 징크스는 EAFF E-1 풋볼 챔피언십을 계기로 깨졌다. 이제 한국축구의 시선은 러시아 월드컵으로 향한다. 월드컵 선전을 위해 실질적인 동기부여가 주어진다. 우선 한국대표팀에 EAFF E-1 풋볼 챔피언십 우승 상금이 분배된다. 또한, EAFF E-1 풋볼 챔피언십 우승과 월드컵 본선 9회 연속 진출에 따른 포상금이 지급된다. 대한축구협회는 이사회를 통해 총액 25억 원 범위 내에서 포상금을 지급하기로 결정했다. 2014년 브라질 월드컵 8회 연속 본선행 당시에는 총 20억 원 가량의 포상금을 기여도 등급 기준으로 지급한 바 있다. 소속 구단으로 돌아간 선수들은 새로운 시즌을 앞두고 전보다 높아진 몸값을 체감할 수도 있을 것이다.

대회 연속 우승으로 인해 아시아축구의 맹주로 호령하던 한국대표팀이 모처럼 명성을 되찾은 모양새다. 디펜딩 챔피언 타이틀을 다시 획득함으로써 팀 브랜드 가치도 한층 더 높일 수 있게 되었다. 이는 스폰서십 유치나 중계권료 판매에 있어서 유리하게 활용된다. 또 국내 여론을 긍정적으로 환기시키고 나아가 밴드웨건 효과도 기대하게 만드는데 러시아 월드컵에 임하는 한국대표팀에 여러모로 긍정적인 부분이다.

밴드웨건 효과는 당선 가능성이 높은 후보를 지지하거나 잘 나가는 스타에 더 열광하는 현상을 의미한다. 축구로 치면 과거의 포항과 부산이 좋은 성적과 스타플레이어를 대동하며 많은 축구팬들의 인기를 끌었던 것과 맥을 잇는다. 최근에는 전북이 우승 횟수를 늘리며 밴드웨건 효과를 누리는 대표적인 팀으로 볼 수 있다. 많은 팀들이 우승을 차지하려는 이유 중 한 가지는 밴드웨건 효과를 활용할 수 있기 때문이다. 축구팬들은 기본적으로 이기는 팀에 열광한다. 자주 이기는 팀들이 대부분 우승도 차지하는데 애착심이 많은 팬들의 관심을 집중시킬 수 있어 마케팅 활용도가 높다.

EAFF E-1 풋볼 챔피언십의 대회 가치를 다소 평가 절하하는 의견도 있지만 엄연한 FIFA의 A매치 인정 대회이며, 동아시아의 강팀들이 자존심을 걸고 다투는 국제축구대회이다. 대회 2연패를 통해 한국축구가 얻은 것은 생각보다 많다.

제4장

프로모션

01.
험멜코리아의 공격적인
유니폼 스폰서십

2017년을 기준으로 국내 K리그 구단에 유니폼을 후원한 스포츠 브랜드는 모두 몇 개일까? 험멜, 아스토레, 아디다스, 조마, 켈미, 키카, 르꼬끄 스포르티브, 루포핀타, 푸마, 엄브로, 뉴발란스 등 총 11개 브랜드이다. 1부 리그에 8개, 2부 리그에 7개 브랜드가 분포했다. 그렇다면 가장 많은 구단을 후원한 브랜드는? 바로 험멜(전북, 인천, 경남, 수원FC)과 아스토레(포항, 부천, 안양, 대전)이다. 특히, 험멜은 후원 구단인 전북현대와 경남FC가 K리그 클래식과 챌린지에서 각각 우승을 차지하며 최고의 시즌을 함께했다.

2017 시즌 K리그 구단별 유니폼 브랜드

K리그 클래식		K리그 챌린지	
구단명	유니폼 브랜드	구단명	유니폼 브랜드
전북현대	험멜	경남FC	험멜
제주유나이티드	키카	부산아이파크	아디다스
수원삼성	아디다스	아산무궁화	푸마

K리그 클래식		K리그 챌린지	
구단명	유니폼 브랜드	구단명	유니폼 브랜드
울산현대	아디다스	성남FC	엄브로
FC서울	르꼬끄 스포르티브	부천FC 1995	아스토레
강원FC	조마	수원FC	험멜
포항스틸러스	아스토레	FC안양	아스토레
대구FC	켈미	서울이랜드	뉴발란스
인천유나이티드	험멜	안산그리너스	켈미
전남드래곤즈	조마	대전시티즌	아스토레
상주상무	루포핀타		
광주FC	조마		

덴마크에 본사를 둔 스포츠브랜드 험멜(Hummel)의 국내 상표 소유권은 (주)대원이노스(험멜코리아)가 갖고 있다. 험멜코리아는 2014년 무려 6개 팀(경남, 전북, 충주, 강원, 대구, 수원FC)까지 유니폼을 공급한 바 있으며, 그 외에도 울산, 부산, 전남, 광주 등 여러 구단을 스폰서십하기도 했다. 그 외에도 대한장애인축구협회와 프로농구단 등을 후원하는 등 공격적인 스폰서십 마케팅으로 유명하다.

나아가 1999년부터 내셔널리그에서 실업축구단을 운영해오던 험멜코리아는 아예 2013년부터 충주를 연고지로 한 프로축구단을 창단하면서 대표적인 축구 브랜드로 자리매김했다. 프로축구단 경영에는 엄청난 비용이 소요된다. 단순히 마케팅을 목적으로 뛰어들기에는 무리가 있다. 험멜코리아의 변석화 회장이 얼마나 한국축구에 애착을 갖고 있는지 드러나는 대목이다. 그는 2002년부터 한국대학

축구연맹 회장으로 아마추어 축구 발전에도 힘쓰고 있다.

대표자의 의지와 맞물려 험멜코리아는 프로축구단에 대한 유니폼 스폰서십을 적극적으로 지속하고 있다. 2018년에는 새롭게 울산현대와 용품 후원 2년 계약을 체결했다. 울산현대는 기존의 전북현대와 함께 K리그뿐 아니라 AFC 챔피언스리그에도 참가하여 큰 홍보 효과가 기대된다.

험멜코리아의 유니폼 스폰서십이 눈길을 끄는 까닭은 단순히 여러 구단과 손잡아서가 아니다. 각 구단과 어우러지는 유니폼의 디자인이 좋은 평가를 얻고 있기 때문이다. 2018 시즌 전북의 유니폼 '5번째 영광(THE FIFTH GLORY)'이 대표적이다. 구단의 주색을 활용하여 전통성을 이어가며 새로운 엠블럼까지 반영한 디자인으로 역대급이라는 반응을 이끌어냈다. 울산현대의 '아시아의 호랑이(Tiger of Asia)' 유니폼도 마찬가지다.

앞서 2012년에도 경남의 험멜 유니폼이 시즌 전 K리그 최고의 디자인으로 선정된 바 있다. 험멜코리아가 유니폼 디자인 초기 단계부터 구단과 긴밀한 협의를 거친 결과였다. 팬들은 유니폼 디자인과 함께 구단 및 험멜코리아의 노력에 호평을 쏟아냈으며 실질적인 구매로 이어졌다. 이후 험멜코리아는 더욱 후원 구단의 유니폼에 공을 들이기 시작했다. 2014년에는 강원의 홈 유니폼이 K리그 챌린지 개막을 앞두고 이뤄진 투표에서 기자단 및 팬으로부터 최다 득표하는 기쁨을 누린 바 있다.

또 전북의 창단 20주년 유니폼(2014 K리그 클래식 유니폼 품평회 투표 2위)이나 대구의 창단 10주년 유니폼 '푸른 태양(Azul

Sol)'은 디자인에 의미를 더하며 해당 구단의 이미지 향상에 기여했다는 평을 받았다. K리그 전체에 있어서도 의미 있는 창작물임은 물론이다. 구단의 정체성과 역사를 반영한 유니폼은 시간이 흘러도 두고두고 회자되는 법이다.

사실 국내 프로축구단의 용품 후원사치고 맞춤형 유니폼을 제작해주는 곳은 손에 꼽을 정도다. 대부분 자사의 완성형 유니폼에 구단 엠블럼과 마킹을 더하여 공급하는 경우가 많다. 따라서 험멜코리아의 노력이 타 브랜드에 비해 부각된다. 유니폼은 1년간 홈과 여러 지역의 원정을 오가며 선수단과 팬들이 자주 착용하는 특별한 의상이다. 옷이 날개라는 말이 있듯이 멋진 유니폼을 걸친 구단은 그 수준과 이미지도 달리 느껴지게 한다. 유니폼 스폰서십이 중요한 이유다.

02.
월드컵 마케팅과 브라질 월드컵

전 세계가 주목하는 FIFA 월드컵은 명실공이 최고의 마케팅 무대라고 해도 과언이 아니다. 모든 대륙의 축구국가대표팀이 열띤 경쟁을 펼치는 거대한 대회 규모와 리오넬 메시, 네이마르, 크리스티아누 호날두 등 세계적인 스타 선수에 대한 관심, 자국 대표팀에 대한 애국심이 반영된 응원 열기 때문이다. 4년에 한번 열리는 대회의 희소성에다가 강팀이 조별리그에서 탈락하거나 예상치 못한 다크호스의 등장 같은 의외성이 매력적으로 느껴지기도 한다.

사실 국제축구연맹은 여러 종류의 축구 대회와 이벤트를 개최하며 후원사를 끌어들이고 있다. 남자부 대회만 해도 각급 월드컵은 FIFA U-20 월드컵, 풋살 월드컵, 비치사커 월드컵 등 8개 대회(컨페더레이션스컵 포함)에 이른다. 그중에서도 가장 매력적인 요소는 역시 FIFA 월드컵이다. 지난 2013년 FIFA는 2018년과 2022년 월드컵에 대해 새로운 형태의 스폰서십 방안을 발표했다. 기본적으로 FIFA를 후원하는 'FIFA 파트너(FIFA Partners)'에 월드컵과 관련한 'FIFA 월드컵 스폰서(FIFA World Cup Sponsors)'를 유지하며,

'지역별 서포터스(Regional Supporters)'를 새롭게 도입한다는 내용이었다. 원래는 월드컵 개최국 내 6개 기업이 참여하는 '내셔널 서포터스(National Supporters)'로 운영하다가 지역별 서포터스로 개편하여 유럽, 북중미, 남미, 아프리카/중동, 아시아 등 5대 지역당 최대 4개, 총 20개까지 후원사 확대를 꾀했다.

2014년 브라질 월드컵 때는 FIFA 파트너가 6개 기업(아디다스, 코카콜라, 현대기아차그룹, 에미레이트항공, 소니, 비자)이었으며, 월드컵 스폰서는 앤호이저-부시(버드와이저), 캐스트롤, 컨티넨탈, 존슨 앤 존슨, 맥도날드, Oi(브라질 통신사), SEARA(브라질 식자재 업체), YINGLI(중국 태양광 발전업체) 등 8개 기업이었다. 내셔널 서포터스로는 브라질의 6개 기업이 참여했다. 2018년 FIFA 파트너인 후원기업은 아디다스, 코카콜라, 완다 그룹, 가스프롬, 현대기아 차그룹, 비자카드, 카타르항공이며, 러시아 월드컵 스폰서로 앤호이저-부시(버드와이저), 하이신, 맥도날드, 멍니우, 비보가 이름을 올렸다. 최근 들어 FIFA 스폰서십에 참여하는 중국계 기업이 늘어난 게 두드러진 특징이다.

FIFA 스폰서십에 거액의 돈을 들이며 참여하는 이유는 후원사에게 단순한 스폰서의 지위가 아니라 파트너로서 월드컵을 비롯한 모든 대회와 이벤트에서 최상급 마케팅 활동을 할 수 있는 권리가 부여되기 때문이다. 그만큼 FIFA 파트너의 지위를 획득하기 위해서는 많은 비용을 쓰고 때로는 경쟁해야한다. FIFA와 함께 전 세계 축구 발전을 지원하는 폭 넓은 활동에 참여함으로써 동반자적 관계가 형성된다. FIFA는 각 업종별 한 기업만을 파트너로 선정하여 상품 분야의 중복을 피하고 전속적인 제휴를 보장하기 때문에 경쟁사에 마케팅 기회를 뺏기지 않기 위해서라도 적극적으로 FIFA 파트너에 참여한다.

러시아 월드컵 스폰서에게는 해당 월드컵과 FIFA 컨페더레이션스컵에 대한 권한도 함께 부여된다. 월드컵 스폰서는 두 대회에서 미디어 노출과 마케팅 활동을 할 수 있으며 입장권 혜택과 호스피탈리티 기회를 제공받는다. 지역별 서포터스는 월드컵이 진행되는 동안 유럽, 북중미, 남미, 아프리카/중동, 아시아 각 지역에서 마케팅 활동을 펼칠 수 있다.

FIFA 스폰서십 주요 혜택사항

- FIFA 월드컵 로고의 활용
- 경기장 내부와 주변, FIFA의 공식 간행물 및 홈페이지에 후원사 노출
- 광범위한 FIFA 월드컵 후원사 홍보 프로그램 운영
- 앰부쉬 마케팅으로부터 보호
- 호스피탈리티 기회 제공
- 직접적인 광고 및 프로모션 기회, FIFA 월드컵 방송 광고 우선 협상권 부여

축구가 갖고 있는 대중적 인기와 함께 매력 요소는 성별, 나이, 인종, 세대, 사회적 지위를 막론하고 공통분모를 만드는데 있다. 오늘날 후원사로 참여하는 기업도 축구가 갖고 있는 장점을 잘 이해하고 있으며, 가장 효과적인 글로벌 마케팅 플랫폼 혹은 툴로 여기고 있다. FIFA와 스폰서십을 체결한 기업은 금전적 후원뿐 아니라 제품이나 서비스를 지원함으로써 매번 새로운 형태의 공동 프로모션을 선보이기도 한다. FIFA는 파트너십을 유지하고 새로 확보하기

위해 그들의 마케팅 전략이나 필요사항에 맞춘 스폰서십 프로그램을 제공하며 세심한 관리에 힘쓴다.

FIFA는 축구가 활성화된 15개 주요 지역(약 15억 3천만 인구 기준)에서 자체적으로 조사한 결과, 140만여 팀과 30만개의 구단에서 2억 4천만 명이 넘는 선수가 뛰고 있다고 밝힌 바 있다. 해당 조사에서 설문 대상자의 61%가 스포츠팬이며, 그보다 많은 64%가 스포츠를 비롯하여 월드컵을 즐기는 팬이라고 집계되었다. 그 중 축구팬은 46%로 나타났다. 등록되지 않은 선수나 동호인까지 더하면 훨씬 많은 축구인구가 존재하는 것으로 볼 수 있다. 또한, FIFA가 단일 종목의 단체이지만 200개국이 넘는 회원국을 보유한 점, 월드컵이 가진 엄청난 파급력도 파트너를 끌어들이는 강력한 유인동기가 된다.

오늘날 많은 기업들이 월드컵 스폰서십이나 관련 마케팅 활동에 투자하는 게 당연시된다. 이제는 어떻게 타사보다 월드컵을 효과적으로 활용할지가 관건이 되었다. 그런 측면에서 공식후원사와 비공식후원사 간의 마케팅 대결은 월드컵의 또 다른 흥밋거리다. FIFA는 공식후원사에게만 월드컵 관련 명칭, 로고, 이미지 등을 사용할 수 있는 권한을 부여하는데 비공식후원사도 교묘한 방법으로 규제를 피해 마케팅 효과를 누리고자 애쓴다. 이를 '앰부쉬 마케팅(Ambush Marketing)'이라고 부른다.

앰부쉬 마케팅하면 떠오르는 대표적인 국내 사례는 2002년 월드컵 당시 펼쳐진 두 이동통신사 간의 라이벌전이다. 각각 한국축구 국가대표팀과 그 공식 서포터스 클럽인 붉은악마를 후원하며 마케팅 효과를 톡톡히 누렸다. 중요한 대목은 당시 공식후원사가 아닌 이동통신사도 큰 마케팅 효과를 얻으며 앰부쉬 마케팅 논란이 일어난 것이다. 앰부쉬 마케팅에 관한 의견이 여전히 분분하지만 어쨌든 월드컵의 엄청난 마케팅 효과를 안방에서 직접 목격한 경험이 있기에 기업뿐 아니라 방송사, 스포츠 단체도 적극적으로 활용에 나서고 있다. 때마다 돌아오는 월드컵에서 성공적인 마케팅 활동 위해 어떤 준비가 되어 있는지 되돌아봤으면 한다.

지난 2014년 브라질 월드컵에서는 독일 월드컵 이후 8년 만에 지상파 방송사들이 공동중계를 맡았다. 따라서 시청자를 사로잡기 위해 발 빠르게 2002년의 월드컵 스타를 불러 모았다. KBS는 이영표와 김남일을, MBC는 안정환과 송종국을 해설위원으로 발탁했고 SBS는 차범근과 차두리 부자에 박지성(방송위원)까지 합류시켰다. 평소 국내 축구리그 중계에 대한 관심과 대조적이라 아쉬움은 있지만 월드컵 마케팅을 얼마나 중요하게 생각하는지 알 수 있는 대목이다.

방송사의 경우 해설위원을 영입하는 자체가 마케팅의 일환이다. 실제로 각 해설위원마다 개성이 달라서 어떤 방송사의 중계를 볼 것인지 묻는 게 유행처럼 번졌고 이영표의 '예언'이나 안정환의 '돌직구'가 화제를 모으며 시청률의 변수로 떠올랐다. 어떤 방송사가 시청률과 광고 수익에서 승리를 거둘지 지켜보는 것도 재미있는 관전요소였다.

또 브라질 월드컵 휴식기를 맞이한 6월의 K리그 클래식 소속 구단은 별다른 이벤트 없이 후반기 준비에 여념이 없었다. 그나마 한국프로축구연맹 주도로 개최된 자선경기는 긍정적인 반응을 불러일으켰다. 경북 구미(울산-부산), 경북 김천(경남-제주), 충남 천안(수원-성남), 경기 파주(인천-포항) 등 프로축구를 접할 수 없는 지역을 각 팀들이 찾아가 경기와 함께 다양한 팬 서비스, 지역공헌 활동을 전개했다. 직전 시즌에도 K리그 비연고지에서 자선경기를 개최하여 큰 호응을 얻은 바 있는데 2014년 월드컵과 맞물려 축구 열기를 불러일으키는데 한몫했다.

일부 구단들은 영리하게 월드컵을 마케팅에 적극 활용했다. 울산현대는 소속 선수의 월드컵 활약 부분만 하이라이트 영상으로 제공했고 한국대표팀의 경기별 스코어 예상 이벤트를 진행했다. 부산아이파크도 지역 일간지와 함께 스코어를 맞추는 월드컵 이벤트를 대대적으로 마련했다. 전북현대는 당시 구단 소속이자 호주대표팀의 일원이던 윌킨슨의 월드컵 활약을 적극 홍보했다.

가장 효과적인 마케팅은 역시나 구단 소속의 선수가 월드컵에서 활약하는 것이다. 브라질 월드컵에서는 조별리그 1차전 상대인 러시아를 상대로 이근호가 선제골을 기록했다. 선수 입장에서 월드컵 데뷔 골의 의미도 있었지만 당시 소속팀인 상주상무까지 덩달아 웃게 만들었다. 득점 직후 경례 세리머니와 선수 프로필에 선명하게 표기된 구단명은 상주상무를 전국의 시청자에게 노출시켰다. 구단은 기회를 놓치지 않고 홈페이지를 통해서 관련 내용을 적절하게 마케팅에 활용했다.

K리그 챌린지는 리그가 계속 진행되었기 때문에 대구FC, 부천FC 등이 홈경기 이벤트에 월드컵 마케팅을 적극 활용했다. 대전시티즌

은 러시아 프로팀을 초대하여 상징적인 이벤트 매치를 개최하기도 했는데 공교롭게 양 팀도 1-1 무승부를 거둬 월드컵 경기를 연상시켰다. 광주FC와 수원FC는 각각 홈구장으로 사용하는 월드컵경기장에서 한국대표팀의 경기를 단체 응원하는 기회를 마련했다. 그를 통해 시민들에게 구단의 존재감과 홈경기 일정을 자연스럽게 알렸음은 물론이다.

앞서 방송사나 몇몇 구단처럼 한·일 월드컵의 유산을 활용한 마케팅도 고려해볼만하다. 가령, '2002 월드컵 기념관'을 활용한 프로모션을 생각해볼 수 있다. 여러 지역에서 멋진 기념관이 운영되고 있지만 안타깝게도 모르는 이들이 더 많은 실정이다. 각 기념관은 서울, 수원, 인천, 대전, 울산, 제주 등 월드컵경기장에 위치해있어 구단 차원에서 견학 프로그램을 운영하기 용이하다. 해당 연고구단의 다채로운 월드컵 마케팅을 계기로 응원 열기가 국내축구에서 계속 이어지길 기대해본다.

03.
축구를 디자인하다

춘삼월이면 어김없이 각급 리그가 화려한 막을 올린다. 축구팬 입장에서는 겨우내 기다린 응원 팀의 경기와 선수를 볼 수 있는 기쁨이 찾아오는 시기다. 이 무렵이면 일종의 덤과 같은 즐거움도 있다. 바로 새로운 디자인의 유니폼, 시즌티켓 그리고 여러 구단상품이다.

일정한 수준의 프로구단이라면 저마다 구단의 정체성을 담은 상품을 보유하고 있기 마련이다. 엠블럼이나 로고 같은 디자인 자산 (property)을 활용한 패치, 모자, 의류, 컵, 머플러, 시계, 싸인볼, 열쇠고리, 마스코트 인형 등은 기본적인 유형의 상품이다. 여기에 보조배터리, 스마트폰 케이스처럼 유행을 반영한 신상품이 더해지기도 한다.

그 중에서도 구단 유니폼과 시즌티켓은 축구팬이 가장 선호하는 상품군에 해당된다. 두 가지 모두 연중 사용빈도가 높은 공통점이 있다. 자주 착용하거나 지니고 있기에 이왕이면 멋지고 예쁜 디자인을 선호하는 게 당연하다. 좋은 유니폼이라면 판매 수익과 함께 팬을 경기장으로 이끌어내는 역할도 한다. 마음에 쏙 드는 옷을 사면 밖에 입고나가서 뽐내고 싶어지기 때문이다. 결국 디자인은 그 자체로 훌륭한 마케팅이 된다.

때문에 각 구단은 '사용자 경험(UX; User Experience)' 차원에서 팬들의 기호를 파악하기 위해 노력하고 있다. 과거에는 일방적으로 디자인한 결과물을 내놓고 판매하는 방식이었다면 이제 선택안을 제시하여 팬들이 뽑을 수 있게 하거나 아예 제작 단계부터 서포터스와 힘을 합치는 구단도 나타났다. 주 소비자인 팬들의 선호도를 정확히 파악하고 반영한 상품일수록 판매량 증대를 꾀할 수 있다. 관련하여 두드러진 또 하나의 최신 경향은 축구 디자인 전문업체를 통해 구단상품을 개발하는 것이다.

2002년 한·일 월드컵을 전후로 국내 축구계에도 전문적인 축구 디자인 상품의 수요가 형성되었다. 초기 선도자 역할을 했던 업체가 조이포스(현 조이포스플러스)와 다이브인풋볼(DIF)이었다. 조이포스는 90년대 중반부터 다양한 종목의 디자인 상품을 만들어온 1세대 축구(스포츠) 디자인 업체로 볼 수 있다. 2005년 창업한 다이브인풋볼은 축구 전문 머천다이징 업체로서 신선한 바람을 일으켰다. 두 업체의 등장 이후 천편일률적인 모양이 아닌 구단의 개성을 담은 상품이 나오기 시작했다.

흥미로운 점은 다이브인풋볼이 수원삼성을 열렬히 응원하던 한 서포터로부터 출발한 사실이다. 특유의 감각으로 과거 수원삼성 공식 홈페이지 디자인 작업에 참여했던 다이브인풋볼 백승남 대표는 2007년에 구단 공식상품화권자 권리를 획득하기에 이른다. 이후 수원삼성과 합심하여 다양한 상품군 및 세련된 디자인을 선보이며 성장을 거듭했다. 현재는 국내 여러 축구단을 고객으로 삼고 있으며, 중국축구계 진출도 성공했다. 대표자 스스로가 팬이므로 구단에 대한 높은 이해도와 애착이 있었고 축구선진국인 유럽에서 경험한 디자인을 접목하면서 큰 시너지를 낸 것으로 풀이된다.

이후 다른 구단의 지지자도 축구 디자인 상품 제작에 뛰어들기 시작했다. 대전시티즌과 매치데이(MATCH DAY) 그리고 인천유나이티드와 반디에라(bandiera), 공삼이컴퍼니(032COMPANY) 등이 대표적인 조합이다.

반디에라의 탄생이 재미있는 까닭은 타 업체에서 제작하던 인천유나이티드의 구단 상품에 대안을 제시하기 위해 팬들이 직접 나섰기 때문이다. 반디에라는 자신들의 작업물이 '단순한 상품이 아닌, 우리가 함께 만들어나가는 사건과 행동을 기념, 기록하는 우리의 역사'라고 규정했다. 그리고 인천 구단만의 정체성과 독창성을 담은 디자인으로 티셔츠 등의 상품을 만들어 판매한 바 있다.

2017 시즌부터 인천유나이티드의 공식 상품화권자로서 구단 온·오프라인 쇼핑몰을 운영한 공삼이컴퍼니 역시 인천 팬이 만든 업체이다. 업체명에 인천광역시의 지역번호를 넣을 정도로 구단을 향한 애정이 진하게 느껴진다. 공삼이컴퍼니는 인천유나이티드의 머플러, 무릎담요, 의류 등을 출시하여 좋은 반응을 얻고 있다.

2016년부터 대전시티즌과 파트너십을 체결하고 있는 매치데이의 대표자 역시 대전 구단의 열렬한 팬으로 알려져 있다. 매치데이는 데뷔 시즌부터 '레전드' 김은중 선수의 은퇴를 기념한 대전시티즌의 레트로 유니폼으로 호평을 받았다. 또 '자주자주'를 슬로건으로 한

의류 및 깃발, 싸인볼, 머플러, 보틀을 비롯하여 모자, 컵 등의 다채로운 디자인 상품을 선보였다.

연고 구단의 밀착형 상품을 만드는 업체가 존재함으로써 구매자의 만족도가 높아지고 특별한 이야기도 창출된다. 해당 구단을 지지하는 팬들의 구심점 역할을 할 수도 있고 패션이나 응원문화를 주도하는 영향력이 생긴다. 또한, 팬들이 기념 및 기록하고 싶은 구단의 역사를 상품화하여 가치를 더욱 향상시킬 수 있다. 수익금의 일부를 구단이나 서포터스 활동에 기부함으로써 팬들의 자부심과 참여를 촉진시키는 측면도 있다.

앞서 소개한 것처럼 특정 구단의 상품 디자인을 전문으로 하는 사례 외에 라보나 크리에이티브(Ravona Creative), H9PITCH 스튜디오, 스미스 스포츠(SMITH SPORTS)처럼 스포츠(축구) 디자인 전문 업체로서의 폭넓은 활약도 눈여겨볼 만하다. 세 업체 모두 2015년 무렵 생겨났음에도 단기간 내 축구팬의 마음을 사로잡았다.

라보나 크리에이티브의 공동대표인 조주형 디자이너는 험멜코리아에 재직하던 시절부터 차별화된 디자인의 K리그 유니폼으로 실력을 인정받았던 인물이다. 2017 시즌 라보나 크리에이티브는 포항스틸러스의 유니폼과 시즌권 패키지, 부천FC1995의 창단 10주년 기념 엠블럼 및 유니폼 디자인을 맡아 각 구단의 정체성과 이미지를 부각시켰다. 2016년에 팬들의 요청으로 제작한 경남FC 10주년 기념 엠블럼 및 유니폼도 라보나 크리에이티브의 작품이다. 또한, 프로 팀뿐만 아니라 일반 아마추어 팀도 수준 높은 디자인의 엠블럼과 유니폼을 이용할 수 있게 하고 있다.

이른바 '커스텀 유니폼(custom uniform)' 부문에서는 H9PITCH 스튜디오도 유명세를 타고 있다. H9PITCH 스튜디오는 자체적으로 운영하는 축구 전문의류 브랜드 '포워드(FORWARD)'를 통해 '축구를 즐기는 사람들에게 다양한 축구 디자인과 문화를 제공하고 나아가 축구라는 문화를 더 많은 대중들에게 디자인, 예술 콘텐츠들과 접목시켜 소개하는데 의미를 두고 있다'고 밝혔다. H9PITCH 스튜디오는 지난 2015년 상주상무의 특별유니폼 디자인을 비롯하여 포항스틸러스 스냅백, 성남FC 김철호 선수의 300경기 출장기념 티셔츠 등을 제작했다. 또한, 성남FC의 유니폼, 시즌권 패키지와 아트 디렉팅, 브랜딩, 익스테리어(exterior), 영상 제작도 맡으며 구단 용품을 넘어 디자인의 광범위한 활용 가능성을 선보이고 있다.

스포츠 디자인 전문 컴퍼니인 스미스 스포츠 역시 다양한 종목에서 그래픽 및 편집 디자인, 구단 상품 디자인, 스포츠 아트디렉팅 감각을 뽐내고 있다. 수원삼성, FC안양, 원주동부프로미 농구단 등과 파트너십을 맺었다. 특히, 스미스 스포츠가 디자인한 수원삼성과 수원FC의 수원더비 기념 엠블럼은 상품성과 상징성을 동시에 품은 한국축구의 자산으로 여겨진다. 스미스 스포츠는 2017년 수원삼성과 수원FC, 서울이랜드의 연간회원권 기념 패키지를 새롭게 선보였으며, 인천유나이티드와 광주FC, 아산무궁화 등 여러 프로구단과 협업하고 있다. 스미스 스포츠가 대구FC와 함께 내놓은 '2017 D MEMBERSHIP LOCKER PACK'는 양측의 개성이 잘 드러나는 디자인 상품이다. 스미스 스포츠는 지향점으로 '스포츠 토탈 솔루션 컴퍼니'를 언급하고 있다. 표현의 차이는 있겠지만 결국 H9PITCH

스튜디오, 라보나 크리에이티브도 비슷한 형태로 활동 영역을 넓혀 나갈 듯하다. 그럼에도 디자인이라는 핵심 가치 혹은 관점의 비중은 변함없을 것이다.

과거에는 구단이나 협회, 연맹에서 상품 디자인을 맡기면 발주에 응하는 다소 수동적인 운영 형태였지만 이제 기획 단계부터 제작·판매까지 주도적으로 움직이며 다양한 고객층을 끌어들이는 추세이다. 충분한 수요가 있고 어느 정도 시장이 형성되었으니 참신한 디자인으로 무장한 전문 업체가 축구판에 더 많이 등장할 것으로 보인다. 한양대학교 스포츠산업학과의 '디머스(DeMerS; Design, Merchandising, Sales)' 과정처럼 관련 인력을 체계적으로 양성하려는 움직임도 긍정적인 영향을 미칠 것으로 기대된다. 장차 한국 축구가 더욱 풍성하고 멋진 디자인의 옷으로 갈아입을 생각에 흐뭇하다.

04.
대학생과 축구의 명예로운 만남

선수, 심판, 프런트, 행정가 외에도 축구 현장을 누비는 사람들이 있다. 바로 대학생 명예기자 및 마케터이다. 국내 축구 단체와 구단의 상당수는 대학생을 주축으로 한 명예기자 프로그램을 운영하고 있다. 주최 측 입장에서는 부족한 인력을 보강하거나 참신한 아이디어 및 분위기를 얻을 수 있어서 좋다. 축구의 주류 팬층인 20대, 그 중에서도 대학생을 가장 잘 이해하고 있는 당사자를 영입하는 셈이다. 대학생 입장에서는 응원하거나 선호하는 팀을 알리는데 일조하는 것으로 보람을 느낄 수 있다. 대개는 관심 있는 분야의 실제 업무를 조금 더 가까운 곳에서 경험하며, 향후 관련 분야 진출의 발판으로 삼고자 명예기자 활동에 참여하기도 한다.

대한축구협회는 'KFA 인턴기자 및 인턴VJ'를 선발하고 있다. 기존 명예기자단과 달리 소수정예로 운영하는 게 특징이다. 주말경기 취재와 지방 출장도 가능하며, 매월 정기 기획 회의에 참석해야 하는 등 쉽지 않은 활동내용이지만 반응은 뜨거운 편이다. '인턴'이라는 직무에 준하는 대우가 한몫했을 듯하다. 일단 취재활동 시 월

50만원의 활동비와 별도로 교통비 및 숙박비 등이 실비로 지급된다. 좋아하는 축구를 가까운 곳에서 보며, 현장 경험과 교육 참여 기회는 분명 흔치 않다. 현직 KFA 홈페이지 기자 및 PD와 함께 일할 수 있는 점도 매력적이다. 한국프로축구연맹은 2005년부터 명예기자 프로그램을 운영 중인데 최근에는 반기별로 디자인, 영상, 웹툰, 글 부문에서 K리그 리포터를 선발하며 값진 경험의 장을 열고 있다. 한국실업축구연맹도 내셔널리그 출범 초기부터 매년 취재 및 사진 분야 명예기자를 선발 혹은 충원하고 있다.

물론 언급한 협회와 연맹의 명예기자 프로그램의 대상은 대학생에만 한정하지 않는다. 하지만 여건상 휴학생을 포함한 대학생의 참여 비중이 높은 게 사실이다. 취재활동에 따라 일정 조절이 유연한 편이기 때문이다. 또 축구 관계자와 친분을 쌓을 수 있고 대중의 관심도가 높은 채널을 통해 자신의 콘텐츠와 이름을 알릴 수 있어 동기부여가 높다. 교육 및 특강 참여 기회와 A매치 같은 특별 경기를 취재할 수 있는 프레스카드와 로고가 찍힌 취재수첩은 꽤나 자부심을 느끼게 해주는 요소이다. 결정적으로 명예직에서 유급직으로 전환될 수 있는 가능성 때문에 취업을 앞둔 대학생도 선망한다. 실제 다년간 실력을 인정받은 몇몇 명예기자 출신이 협회와 연맹에서 인턴이나 직원으로 채용되기도 했다. 물론 다른 평가 요소도 있었겠지만 그간의 활동 과정에서 보여준 능력이 충분하게 고려되었을 것임을 알 수 있다.

이처럼 상위 단체에서 명예기자 프로그램을 적극 운영하는 만큼 프로구단뿐 아니라 비프로 팀에서도 자체적으로 활용에 나서고 있다. K3리그의 고양시민축구단(맥파이 기자단)과 부산FC, U리그의 대구대(DUF MEDIA)가 대표적인 사례이다. 프로축구단은 더욱 경쟁적으로 명예기자 혹은 유사한 활동 프로그램을 운영하고 있어 K리그 구단이라면 선택이 아닌 필수처럼 여겨진다.

UTD기자단은 인천유나이티드가 2004년부터 운영하고 있는 명실 상부한 '최고(最古)'의 K리그 내 명예기자단이다. 구단의 창단과 함께 활동을 이어오고 있기 때문에 UTD기자단이 갖는 의미는 더욱 크다. UTD기자단의 수준은 구단 월간지인 'THE UNITED'에서 유감없이 드러난다. FC서울 명예기자단도 전통과 명성이 자자하다. 오랜 기간 참신한 아이디어와 다양한 콘텐츠를 선보였으며, 배출한 명예기자는 100명이 넘는다. 그들은 여러 분야에서 인적 네트워크를 형성하며 취업 트렌드나 노하우를 공유한다. 영향력도 상당하다. 그 외에도 전북현대의 JB MEDIA, 전남드래곤즈 명예기자단 등이 운영 중이다.

수원삼성의 경우 명예기자단인 블루윙즈미디어와 대학생 마케터 프로그램인 '블루어태커(Blue Attacker)'를 동시에 꾸리고 있다. 대학생 마케터 프로그램은 스포츠마케팅의 중요성과 관심이 커지면서 비교적 최근에 확대되고 있다. 구단의 홈경기 프로모션 기획/운영, 지역 공헌 및 밀착 마케팅, 각종 콘텐츠와 이벤트 아이디어를 만들고 보조하는 게 주 역할이다. 대구FC는 스포츠산업 체험 프로그램이자 활동 단체인 '크루(CREW)'가 최소 한 경기를 직접 개최할 수 있도록 특별한 기회를 주고 있다. 또 제주유나이티드의 JUMP, 울산현대의 프렌즈, 상주상무의 팸(FAM) 등이 운영되고 있다.

K리그 챌린지 구단도 대부분 명예기자 프로그램을 두고 있다. 아직 초기 단계에 있는 구단이 많지만 수원FC는 2011년부터 호베네스(Jovenes·스페인어로 '젊은이'라는 뜻)라는 명칭의 대학생 운영단을 운영하고 있다. 루키즈(부천), 미니프런트(부산), 펀 크리에이터(안양) 등 표현 방식이 달라도 결국 명예기자 및 마케터의 역할을 합쳐놓은 형태가 비슷하다. 때문에 프로그램 명칭부터 활동 내용, 혜택 등에서 타 구단과 차별화를 꾀하는 노력도 나타난다. 성남FC는 구단의 상징인 까치(Magpies)에서 본 뜬 'FIELD & MEDIA MAG'을, 서울이랜드는 '씽크필더(Think-Fielder)'라는 고유의 명칭을 사용하고 있다.

예전에 비하면 혜택 면에서도 많은 변화가 있다. 거의 모든 구단이 공통적으로 홈 경기장 출입증과 명함, 활동증명서, 수료증, 취재 및 인터뷰 기회, 유니폼이나 기념품을 제공해왔다. 하지만 요즘 명예기자 및 마케터 프로그램의 활동 내용을 보면 기존의 혜택사항으로는 자칫 '열정페이'로 비칠 우려가 있다. 때문에 전문가 특강 및 멘토링 기회를 제공하고 구단 채용 시 가산점을 부여하거나 취업 추천서를 써주고 소정의 활동비까지 지급하는 구단이 늘고 있다. 이제까지는 '명예'라는 단어를 붙여 무급 봉사활동의 형태로 운영한 것이 사실이다. 아무리 경험 자체가 귀중하다지만 프로그램에 참여하는 20대, 특히 대학생의 지속적인 참여와 동반 성장을 위해서 금전적인 보상은 더욱 늘어나야 마땅하다.

또한, 의미 있는 활동 명칭을 부여하고 기수를 표기하는 정도의 노력만으로도 참가자의 자부심, 동기부여에 긍정적인 영향을 미칠 수 있다. 인천유나이티드와 FC서울처럼 일관되게 프로그램의 전통을 쌓아나가면서 인지도와 명예를 드높이는 운영 방향은 특히나 본받을만하다. 내부마케팅 관점에서 보면 명예기자 및 마케터 프로그램의 참가자는 충성도와 구전효과가 높은 고객이라는 점, 자칫 잘못하면 매우 중요한 고객이 돌아설 수 있음을 간과해서는 안 된다. 각 구단이 참가자 관리에 정성을 기울이고 계속해서 프로그램 구성을 발전시켜야 하는 까닭이기도 하다. 한편, 연고 팀을 위해 애쓰는 젊은이가 늘어날수록 전체 축구 팬과 콘텐츠도 함께 늘어날 것이다. 축구 분야에 종사하기를 꿈꾸는 대학생이라면 가까운 기회에 명예기자 및 마케터 프로그램에 도전해보자.

05.
달라진 축구심판 유니폼 어떤가요

축구 경기를 보면 대부분의 심판이 아디다스 로고가 새겨진 유니폼을 착용한 것을 볼 수 있다. 주된 이유는 FIFA의 공식 후원사가 아디다스이기 때문이다. 따라서 국제심판은 아디다스 유니폼을 지급받는다. FIFA 월드컵에 나서는 심판도 아디다스 유니폼을 입는다.

물론 각 국가별 프로축구 리그로 보면 심판의 용품 공급업체가 다른 경우도 있다. 가령, 잉글랜드 프리미어리그 심판은 엄브로, 이탈리아 세리에A 심판은 디아도라, 호주 A-리그 심판은 리복의 심판복을 입기도 했다. 하지만 아디다스의 FIFA를 비롯한 적극적인 스폰서십 활동 덕분에 보편적으로 '심판복은 아디다스'라는 이미지가 강하게 형성됐다. 한국의 경우도 대한축구협회 소속 심판은 아디다스 브랜드의 심판복을 오랜 기간 이용해왔다. 또 아디다스는 심판 용품뿐만 아니라 스폰서십의 일환으로 국내 축구 심판 세미나 개최를 후원하는 등 틈틈이 프로모션도 진행하며 존재감을 환기시켰다.

기본적으로 스폰서십 협약에 따라 공식 경기에서 심판이 사용하는 의류와 각종 용품은 후원사의 용품을 사용해야 한다. 심판 활동에 필요한 용품을 나열해보면 심판복, 축구화, 축구양말, 휘장, 휘슬, 옐로/레드카드, 부심기, 선수교체판, 전자시계, 토스 코인, 기록지와 펜, 장갑, 손목 아대 등 무척 다양하다. 게다가 심판복만 하더라도 FIFA가 권장하는 주색(검정색, 노란색, 빨간색, 파란색, 초록색)과 계절에 따라 여러 벌을 필요로 한다. 때문에 (예비)축구심판이라면 축구화나 기타 장비를 구입할 때 용품후원사가 어디인지 확인하고 브랜드를 선택해야 재구매의 우를 범하지 않는다.

같은 맥락에서 2016년부터 확연하게 달라진 국내 축구심판의 패션을 주목할 필요가 있다. 용품후원사가 나이키로 바뀌었기 때문이다. 이제 대한축구협회에 소속된 1~4급 축구심판과 풋살심판은 모두 해당 브랜드의 유니폼을 입고 있다. K리그 전임심판도 2016년부터 변경된 브랜드의 심판복을 착용하고 있다. 재미있는 점은 한국인 국제심판의 경우 FIFA 주관 대회에서 아디다스 심판복을 입고, 아시아축구연맹 주관 대회에서는 나이키 심판복을 착용하기도 한다는 사실이다. 단체 또는 대회의 후원사로부터 영향을 받기 때문이다. 또 한국프로축구연맹의 공식후원사는 아디다스지만 전임심판들이 나이키 심판복을 입는 점도 인상적이다.

2016년 전반기에 국내 심판이 착용한 나이키 심판복은 한시적으로 이용되었고, 후반기에 새로운 디자인의 심판복이 출시되었다. 이후 2년 주기로 디자인을 변경할 예정인 것으로 알려져 있다. 그동안 아디다스 심판복이 워낙 익숙해진 터라 조금 낯선 감이 있었지만 나이키 브랜드 특유의 디자인과 기능이 갖는 매력도 분명하게 느껴졌다. 오랫동안 한국대표팀의 유니폼을 제작하며 색다른 모습을 보여준 만큼 향후 나이키 심판복에 대한 기대감도 크다.

국내 심판 용품후원사 변경은 또 다른 측면에서도 흥미롭다. 축구 심판의 추가적인 스폰서십 가능성 때문이다. 아디다스가 오랜 기간 축구심판의 스폰서십에 참여해왔고 또 나이키가 후원사로 나선 것을 보면 그 가치는 충분하다고 볼 수 있다.

1차적으로 2013년 신설된 4급 심판의 등록인원이 빠르게 늘어나는 추세라서 전체 심판인구의 확대와 소비력도 무시할 수 없는 수준이다. 각급 심판원은 심판복과 용품을 부분적으로 지급받거나 할인 혜택을 얻는데 그 외에는 개별적으로 구입하는 양도 상당하다. 따라서 나이키의 경우 확실한 소비층이 생긴 셈이다.

2차적으로 대한축구협회 소속 심판원이 활동하는 무대는 K리그, 내셔널리그, WK리그, K3리그, U리그, 초중고리그, FA컵, FK리그 등 폭넓다. 여기에 각종 아마추어 대회와 유소년클럽리그까지 더하면 수많은 관중과 시청자에게 브랜드를 노출시키고 있는 것이다. 그런 관점에서 축구심판도 전국심판협의회 같은 단체를 통해 보다 적극적으로 스폰서십에 나서면 어떨까.

축구심판도 단체로 움직이면 충분히 스폰서십을 확보할 수 있다. 예를 들면, 잉글랜드의 심판 단체인 '프로경기 심판조합(PGMOL; Professional Game Match Officials Limited)'은 2012년 온라인 기반의 여행사인 익스피디아(Expedia)와 스폰서십 계약을 체결했고, 프리미어리그 심판들은 익스피디아 로고패치를 심판복에 붙이고 그라운드를 누빈 바 있다.

흥미로운 점은 익스피디아가 심판을 후원한 이유에 있다. 단순히 심판들이 뛸 무대인 EPL의 팬이 많아서가 아니다. 전 세계 여행객이 합리적인 판단을 할 수 있도록 노력해온 익스피디아의 이미지와 세계 최고의 리그에서 수준 높은 판정을 내릴 수 있는 역량을 가진 심판 단체의 이미지가 일치했기 때문이라고 후원사 측은 밝혔다. 또 프로경기 심판조합은 온라인 축구게임사인 EA스포츠와 장기 후원계약을 맺는 등 수익사업을 적절하게 활용하고 있다. 페어플레이 및 규칙 준수로 상징되는 심판의 이미지는 분명 여러 기업에서 매력을 느끼는 요인이다. 많은 정성을 들여가며 아디다스가 오랜 기간 축구 심판을 후원한 이유를 거기에서 찾을 수 있다.

K리그 전임심판도 2012년부터 스폰서십을 체결한 후원사의 패치를 심판복 양팔 소매에 부착하는 시도를 한 적이 있다. 이후 심판 스폰서십이 지속적으로 발전하지는 못했지만 2017년 한국프로축구연맹과 EA코리아가 3년간의 공식 비디오게임 파트너십을 체결함에 따라 K리그 심판 유니폼에도 EA스포츠 로고 패치가 부착되었다. 심판 유니폼을 광고판처럼 활용하는 것에 부정적인 시선도 있다. 하지만 그런 시도를 통해 자체적인 수입 창출이 가능해지면 축구심판의 처우 개선 및 복지 향상에 도움이 될 것으로 기대된다. 고급 심판장비 확충이나 교육 프로그램 운영에 투자하는 방안도 고려할 수 있다. 심판의 권위와 공정성을 훼손하지 않는 선이라면 스폰서십에 심판복을 활용할 수 있을 것이다. 앞으로 축구심판과 새로운 후원사가 힘을 모아 공동 프로모션도 활발하게 만들어 좋은 사례를 남기면 좋겠다.

06.
5월은 축구 가족의 달

흔히 5월을 가정의 달이라고 말한다. 어린이날, 어버이날, 부부의 날이 속해 있고 비교적 공휴일이 많아서 가족이 함께 할 수 있는 시간도 넉넉한 달이기 때문일 것이다. 그런 점이 반갑기도 하지만 가족이 함께하는 시간을 어떻게 보낼지 고민도 뒤따르기 마련이다. 이에 K리그 구단들이 축구와 함께 특별한 이벤트로 가족 팬의 고민을 덜어줬다.

2017년 5월 3일 석가탄신일과 주말을 맞이하여 K리그 경기가 일제히 열렸다. 대부분의 홈구장에서 어린이날 기념행사를 개최했으며, 어린이 무료입장 혜택을 제시했다. 전북현대는 '5월엔 55렐레' 레트로 티켓을 발행하고 햇빛 가림 부채를 증정했다. 제주유나이티드의 경우 어린이 사생대회 및 어린이 서포터스 발대식으로 팬들을 맞이했다.

또 포항스틸러스는 '스틸러스 키즈데이'를, 울산현대는 '어린이와 만드는 스포츠축제'를 마련했고 광주FC는 구단용품 특별할인 행사와 축구드리블 체험관 등을 운영했다. 여러 구단에서 선수단 입장

시 에스코트 키즈 프로그램을 운영하고 있는데 상주상무는 부모·조부모와 함께하는 선수 에스코트를 선보이기도 했다.

2017년 가정의 달 및 어린이날 주요 이벤트

리그	구단	내용
K리그 클래식	FC서울	라바 데이, 어린이날 스페셜 FC서울 테마파크, 선수 자녀 시축, 팬 사인회, 전광판 & 그라운드 이벤트
	전북현대	'5월엔 55렐레' 레트로 티켓 판매, 햇빛 가림 부채 증정
	제주유나이티드	어린이 사생대회, 어린이 서포터스 발대식
	울산현대	어린이날 맞이 블레이드 대회, 어린이와 만드는 스포츠 축제(초등학생 이하 어린이 무료입장, 장래희망 응원 이벤트)
	상주상무	가정의 달 기념 에어바운스 및 미니동물원 운영, 부모·조부모와 함께하는 선수 에스코트
	수원삼성	블루윙즈사생대회, 연극 '수원이와 친구들' 시범공연, 어린이 무료입장, 자녀와 함께 시축가족 선발, 소방안전 체험교실, 사랑의 카네이션 만들기, 어린이날 스페셜패키지
	광주FC	5월 가정의 달 맞이 구단용품 최대 30% 현장할인, 어린이 팬 무료입장, 마이드림 이벤트, 축구드리블 체험관, 미니방석 무료증정
	포항스틸러스	스틸러스 키즈데이(어린이 당일권 50% 할인, 쇠돌이 학용품 세트 및 헬륨풍선 증정, 어린이 경품 추첨, 비누방울 놀이터, 우리아이 K타이거즈 태권도 공연)
	대구FC	어린이 무료입장, 학용품세트 증정

리그	구단	내용
K리그 챌린지	수원FC	볼부자(아버지와 아들이 함께하는 볼보이 프로그램) & 하이파이브, 5월 홈경기 어린이 무료입장, 수원FC 3D 애니메이션 발표, 어린이 선물 증정
	부산아이파크	어린이 무료입장, 어린이 미니올림픽 체험공간(플레이 그 라운드), 구덕 어린이 축구교실, 프로를 이겨라 3대100, 레전드 안정환 초청
	서울이랜드	어른 제국의 역습(어른이날) 이벤트 개최
	대전시티즌	키즈데이 어린이 무료입장, U-20 월드컵 트로피 전시, 페널티킥 이벤트, 이벤트존 운영
	FC안양	패밀리데이(가족 관중 50~60% 티켓 할인, 응원풍선 증 정, 그림 그리기 이벤트, 키즈존 운영, 패밀리 패키지 판 매, 선수 사인회)
	안산그리너스	초등학생 이하 어린이 및 임산부 무료입장
	아산무궁화	아산 아이데이(어린이 무료입장, 선수 싸인회, 경찰차 및 구급차 체험, 고전놀이 체험, 스페셜 에스코트 키즈 - 어린이 유니폼 제공, 그라운드 기념사진, 하프타임 랜덤 박스 증정)

K리그 클래식 구단 중 FC서울은 가장 풍성한 어린이 이벤트로 관심을 끌었다. 5월 3일을 '라바 데이'로 명명하고 어린이에게 인기가 많은 캐릭터인 라바 인형 및 장난감을 선물했으며, 관련 애니메이션 상영과 포토존을 설치했다. 또한, 어린이날 스페셜 FC서울 테마파크를 설치하여 다양한 놀이기구 및 푸드트럭 파크, 기념공연 등 온가족이 즐길 거리를 제공했다.

K리그 챌린지에서는 부산아이파크와 대전시티즌이 손꼽을만하다. 부산에서는 어린이 미니올림픽과 어린이 축구교실이 펼쳐졌다. '프로를 이겨라 3대100'과 팀의 레전드인 안정환과 함께한 이벤트도

많은 관중에게 특별한 추억으로 남을듯하다. 대전시티즌도 키즈데이를 설정하고 FIFA U-20 월드컵 트로피 전시, 페널티킥 이벤트 및 이벤트존을 운영했다.

한편, 수원삼성은 연속 홈경기에서 어린이날과 어버이날을 고려한 참여형 이벤트로 자녀와 함께하는 시축 가족을 선발했으며, 사랑의 카네이션 만들기 등을 준비했다. FC안양도 가족 관중을 대상으로 입장권 할인 혜택을 주는 패밀리데이를 마련했고 수원FC는 아버지와 아들이 함께하는 볼보이 프로그램인 '볼부자'를 모집했다. 서울이랜드는 '어른 제국의 역습(어른이날)'이라는 다소 색다른 이벤트를 개최하기도 했다.

이처럼 K리그 구단이 어린이와 가족 팬을 대상으로 한 이벤트를 마련한 까닭은 무엇일까? 일단 경기장을 찾은 관중에게 즐거움을 선사하기 위한 이유가 있을 것이다. 나아가 관중 증대 차원에서도 생각할 수 있다. 만약 부모가 축구장에서 만족감을 느꼈다면 당연히 아이도 데려갈 것이다. 반대로 아이들의 마음을 사로잡으면 자연스레 보호자인 부모까지 따라오게 되어있다. 관련하여 '에잇 포켓(eight pocket)'이라는 신조어가 만들어졌듯이 출산율 저하에 따라 자녀를 위해 아낌없이 투자하는 경향도 주목할 만하다. 이벤트 차원에서 어린이를 무료입장시켜도 부모는 따로 입장권을 구입해야 한다. 그 외 먹거리, 구단상품 구입 등 부가적인 효과를 기대할 수 있기 때문에 어린이를 대상으로 한 이벤트는 좋은 유인책으로 여겨진다. 무엇보다 어린이 팬은 장차 연고 구단의 열성적인 지지자로 동반 성장할 가능성이 높으므로 적극 투자가 필요하다. 아산무궁화가 스페셜 에스코트 키즈를 200명이나 모집하고 제주유나이티드가 어린이 서포터스를 출범시킨 사례도 비슷한 맥락이다.

또한, 축구단의 어린이 및 가족을 대상으로 한 이벤트는 연고지의 사회적 공헌(CSR; Corporate Social Responsibility) 차원에서 확장될 수 있다. 가령, 어린이날을 앞두고 지역 병원의 어린이 병동을 찾은 아산무궁화 선수들은 환아와 함께 이야기를 나누고 싸인볼을 선물하며 흐뭇한 시간을 만들었다. 전남드래곤즈의 경우 지역 어린이를 위한 경기장 견학 프로그램을 꾸준히 운영하고 있다. 즉, 지역민의 심신 건강 증대와 건전한 여가 문화 확산에도 기여하는 셈이다. 프로축구단으로써는 필연적인 마케팅 활동의 일환일 수 있으나 그 자체로 긍정적이다. 더 많은 구단의 동참을 비롯하여 협회나 연맹에서 보다 적극적으로 매년 5월 가정의 달이나 어린이날에 관한 프로모션으로 좋은 분위기를 만들어줬으면 한다.

대한축구협회의 경우 매년 어린이날에 맞춰 특별 이벤트를 개최해왔다. 서울월드컵경기장 보조구장과 풋볼 팬타지움에서 아동복지시설의 어린이와 함께하는 '2017 KFA 어린이날 행사'를 열기도 했다. 또 풋볼 팬타지움에서 5월 중 3인 이상 가족 입장 시 1인 무료입장 혜택을 제공했다. 한국실업축구연맹은 가정의 달을 맞이하여 한 달여간 공식 SNS 채널을 통해 축구공 증정 이벤트를 실시하고 어린이날에 펼쳐진 내셔널리그 9라운드 경기 현장에서도 축구공을 선물했다.

큰 틀에서 대한축구협회나 한국프로축구연맹이 5월을 '축구 가족의 달'이나 '풋볼 골든위크'로 공개선언하고 대대적인 캠페인을 시행하면 어떨까? 더하여 해당 기간에 축구를 관람하는 가족 팬들에게 뜻깊은 선물과 체험 기회를 선사하는 것이다. 예를 들어, 대한축구협회의 FA컵, K3리그, U리그, 초중고리그 등 각급 축구경기를 종류별로 직관하여 인증 샷을 올린 가족에게 선물을 증정하는 식이다. 각기 다른 구장에서 열린 K리그 5경기를 5월 중에 직관하는 미션도 재미있을듯하다. 그러한 시도를 통해 KBO리그의 '가을야구'나 미국대학스포츠연맹(NCAA)의 '3월의 광란'처럼 '5월은 축구'를 떠올리게 만들면 좋겠다.

07.
축구장에서 여름 피서를

매년 7월말을 기점으로 본격적인 여름휴가가 시작된다. 앞서 학교별 방학에 돌입하면 여름 성수기의 서막이 열린다. 때문에 그 무렵에는 국내 관광지나 공항이 피서객으로 북적인다. 인파가 몰리는 또 다른 장소라면 축구장을 빼놓을 수 없다.

K리그도 여름 이적 시장 및 짧은 올스타전 브레이크를 끝내고 다시 경기를 재개하기도 한다. 각 구단은 후반기 도약을 위해 선수 보강이나 체력관리, 전지훈련 등 경기력에 신경을 쓰는 한편, 직장인과 가족 단위의 관중을 유치하기 위한 '피서 마케팅'에도 적극 나선다. 피서는 간단히 말해서 더위를 피하는 것이다. 뜨거운 열기로 가득한 축구장과 피서는 얼핏 어울리지 않는듯하지만 K리그의 여러 팀들은 시원한 팬 서비스로 관심을 모은다.

가령, FC서울은 '한 여름 밤 축구축제'를 테마로 다양한 팬 서비스를 제공한 바 있다. 서울월드컵경기장 북측광장에서 'Hot Summer' 워터 파크를 운영하고, 어린이가 즐길 수 있는 워터슬라이딩과 대형 물놀이장, 수중 축구, 물총 놀이 이벤트를 준비했다.

홈경기 종료 후에는 푸드 파크를 청춘포차로 바꿔 워터 파크와 연계한 디제잉 레크리에이션 등으로 잊지 못할 여름밤의 축구축제를 선사하기도 했다. 또 주중에는 여름 휴가철을 맞이해 도심 속 휴가라는 컨셉으로 'FC서울 수요축제'를 진행한 바 있으며, 휴가를 가지 못한 팬 사연을 받아 선물을 증정한 프로모션도 인상적이다.

울산현대는 경기장 외곽 이벤트 존에 어린이 페달보트존과 파라솔존을 설치했다. 페달보트에는 구단 엠블럼도 새겨 노출효과와 고급스러움을 더했다. 하계휴양소존에서는 3종 이색올림픽으로 맥주 빨리 마시기, 물 풍선 많이 받기, 얼음 녹이기 이벤트를 개최하여 색다른 재미를 선사하기도 했다.

아산무궁화의 경우 '아산의 밤을 지키는 보안관, THE DARK KNIGHT AMFC'라는 홈경기 이벤트의 일환으로 하프타임 노래자랑, 경기 후 버스킹 공연 등을 준비했다. 열대야를 잠시나마 잊게 해주려는 구단들의 노력이 돋보이는 부분이다. 더하여 중·고등학생을 대상으로 워터슬라이딩 대회를 개최하며 차별화에 나섰다. 워터슬라이딩 대회는 아산시의 중·고등학교 3개 학급이 각자 슬라이딩 거리를 합산하여 승부를 가리는 방식으로 진행됐다. 우승 학급에는 선수가 직접 간식을 전달하는 특전이 주어졌다. 이벤트 참가 자체로 학창 시절의 추억이 될 법하다.

전북현대는 울산현대를 상대로 한 경기를 'HOT SUMMER MATCH'로 명명하고 홈구장을 찾은 팬들에게 에두 선수의 캐릭터 양말과 물놀이 특집 2탄(워터 파크 이용권 경품)을 선물했다. 한편, 제주유나이티드는 'Real Orange FAN's DAY'를 열고 8월 홈경기를 찾은 성인 관중에게 시원한 맥주를 쐈다. 앞서 삼다수데이, 워터 카니발로 홈팬들의 더위를 식혀주기도 했다.

과거 경남FC는 창원축구센터의 서포터스석을 워터존으로 지정하고 경기 전과 하프타임에 소방호스로 물을 뿌리는 장관을 연출한 바 있다. 당시 워터존의 관중들은 빨간색 우의를 걸치고 쏟아지는 물줄기에 신이 났었다. 미처 준비하지 못한 다른 관중들은 은근히 부러운 눈길로 '샤워타임'을 바라볼 뿐이었다.

이제는 포항스틸러스, 수원FC, 대전시티즌, 상주상무 등 대부분의 구단에서 피서철에 맞춰 홈경기장 내 물놀이장을 운영하며 여름에만 즐길 수 있는 특별한 팬 서비스를 확립한 분위기다. 특히, 가족 단위의 관중을 움직이는데 있어서 어린이 대상의 물놀이장은 더할 나위 없이 좋은 마케팅 도구로 여겨진다.

FC서울은 홈경기와 별개로 산하 유소년 전문축구 아카데미인 'Future of FC서울'의 어린이 선수를 대상으로 한 '1일 워터 파크'를 운영하여 호평을 받았다. 평소 축구를 즐기는 축구장에 대형 워터 풀과 슬라이드를 설치하여 물놀이를 즐길 수 있게 한 것이다.

부천FC1995는 부천종합운동장에서 1박 2일간의 '제2회 부천 FC1995 가족사랑 한 여름 밤의 축핑 페스티벌 2017'로 아예 가족 팬을 불러 모았다. 또 축구와 캠핑을 결합한 '축핑'이라는 표현이 참신하다. 일종의 그라운드 캠핑 행사로서 온 가족이 함께 즐길 수 있는 레크리에이션과 에어바운스 수영장, 체험 부스를 비롯하여 선수들과 함께 하는 축구교실, 원정 경기 전광판 관람 등 알차게 구성했다. 색다른 경험을 비교적 부담 없는 비용으로 이용할 수 있어서인지 전년도에 이어 단시간 접수 마감이 됐다고 한다. 뜨거운 반응을 확인할 수 있는 부분이다.

부천의 축핑은 다른 구단에서도 적극적으로 벤치마킹하면 좋을만한 이벤트이다. 대부분의 피서 마케팅이 연고 구단의 홈경기 개최와 연계하여 이뤄졌다면 축핑은 홈팀의 원정경기에 맞춰 진행된 점을 눈여겨볼만하다. 프로야구단과 달리 프로축구단의 경기는 희소성이 큰 편인데 홈경기 수가 월 2~3회 정도에 불과한 까닭이다. 지역 팬의 마음을 계속 붙잡아두고 싶은 구단이라면 지속적인 접촉이 필요하다. 마침 축핑은 홈경기가 없는 때에도 연고 팀과 경기장에 대한 애착을 높이며, 특별한 추억까지 만들어 줄 수 있어 긍정적이다. 경기장 활용 면에서도 연중 운영할 수 있는 좋은 이벤트이다.

구단상품으로 수영복을 한정 판매하는 것도 고려할 수 있다. 또 수영복을 입고 경기를 관람하는 프로모션도 한번쯤 시도해볼만하다. 각 구단의 여름나기 노력은 다채롭게 진화하고 있다. 덕분에 축구 팬들은 조금 더 시원하게 축구를 즐길 수 있다. 웬만한 여행지라면 인산인해를 이루는 게 피서철이다. 어디로 떠날지 고민이라면 축구장에서 흥미진진한 경기도 보고 무더위를 피해보면 어떨까.

08.
축구 투어리즘이 필요하다

　2012년 울산에서 AFC 챔피언스리그 결승전을 관람할 기회가 있었다. 당시 울산현대의 상대는 사우디아라비아의 알 아흘리였는데 생각보다 많은 서포터스가 경기장에 모여 있었다. 알고 보니 사우디아라비아뿐 아니라 중동계 외국인들이 함께 응원전을 펼친 것이었다. 그 중에는 국내에서 일을 하는 이들도 있었고 경기 관람을 겸해서 한국 여행을 온 축구팬들도 있었다. 언제부터인가 그런 원정 팬들은 얼마나 그리고 어떻게 한국을 찾는지 궁금해졌다.

　2014년 인천아시안게임이나 FIFA U-20 월드컵 코리아 2017 기간에도 각국에서 많은 관광객이 대회 개최지를 중심으로 주요 도시를 다녀갔다. 이때 축구여행 프로그램이 있으면 좋겠다는 생각이 떠올랐다. 대개 축구 팬은 다른 나라의 축구 문화에도 관심이 많다. 국내에서 열리는 각종 축구대회 때 경기장을 찾은 외국인 관광객만 끌어들여도 기대효과는 클 것이다. 기념품을 구입하며 SNS나 지인들에게 입소문을 내고 재방문을 기대할 수도 있다. 그 시작은 거창할 필요가 없다. 기존에 지자체가 운영하는 시티투어 프로그램과 연계하여 대한축구협회, 한국프로축구연맹, 구단 등 유관 단체가 콘텐츠와 마케팅을 입히기만 하면 된다.

가령, 대한축구협회의 '팬 퍼스트 프로그램(Fan First Program)' 대상을 외국인 버전으로 바꿔보는 것이다. 협회는 오픈 트레이닝 데이를 통해 파주NFC에서 A대표팀의 훈련 중인 모습을 국내 축구 팬들이 볼 수 있게 했다. 종전까지는 비공개로 진행되었기에 매우 이례적인 시도였다. 또 'DREAM KFA'는 학생들에게 축구회관과 파주NFC를 체험할 수 있는 기회를 주는 진로 프로그램이며 역시 호평을 받았다. 참고로 축구회관 1층은 전시관으로 개방되어 있지만 생각보다 모르는 축구팬들이 많다. 이러한 기존 프로그램과 인프라를 잘 활용하면 나름의 축구여행 코스를 만들 수 있다.

일명 'KOREA FOOTBALL TOUR - SEOUL'로 대한축구협회 축구회관 축구전시관-서울월드컵경기장-FC서울 팬파크-풋볼 팬타지움(구 2002 FIFA 월드컵기념관)-파주NFC-축구 펍을 경험할 수 있는 코스이다. 2017년 2월 문을 연 국내 최초의 체험형 축구테마파크·뮤지엄인 풋볼 팬타지움만 해도 2002년 월드컵의 추억과 한국 축구의 매력을 다채롭게 느낄 수 있는 공간으로 각광받고 있다. 개관 이후 지속적인 프로모션과 신규 프로그램으로 방문객의 발길이 이어지고 있으며 축구팬이라면 가봐야 할 명소로 급부상했다.

국내 축구팬의 수요도 충분히 예상되는 코스다. K리그 시즌이나 A매치에 맞춘 특정 기간에 외국인 관광객을 대상으로 한시적으로 운영한 후 정기적인 프로그램으로 정착시키는 방안이 적절할 것이다. 초기에는 수익보다 서비스 차원에서 접근하는 것이 바람직하지만 궁극적으로 '스포츠관광업(sports tourism)'으로 발전시켜 나가야 한다.

관광 산업은 정부 차원에서도 강조하는 신성장동력 산업 중 한가지다. 간단하게 말하면 돈을 벌어들이는 산업이며, 부가가치도 높은 산업이다. 관광의 장점은 스포츠와 마찬가지로 여러 분야와 융합이 쉽다는데 있다. 때문에 스포츠관광은 여러 지자체에서도 육성에 적극적으로 나서고 있는 분야이다. 문화체육관광부와 한국스포츠개발원은 2014년부터 '지역특화 스포츠관광산업 육성사업'을 통해 기초자치단체에 보조금을 지원하고 있는데, 다수의 프로그램 참가 관광객 유치와 경제적 부가가치 및 지역 일자리 창출, 상표 등록 등의 성과를 거두기도 했다. 전주시의 '드론축구', 제천시의 '제천시와 함께하는 힐링레포츠투어', 삼척시의 '삼척 월드비치 치어리딩 대회', 고성군의 '고성 바이크 어드벤처' 등이 대표적인 지역특화 스포츠관광산업 육성사업의 결과물이다.

이제 축구 투어리즘도 고민할 때이다. 흔히 유럽으로 축구여행을 가길 선망하는 축구팬이 많은 이유를 떠올려보자. 그것은 매력적인 유럽축구와 관광명소를 동시에 즐길 수 있기 때문이다. 또한, 축구와 관광이 결합된 풍부한 콘텐츠와 투어 코스 및 프로그램이 정착되어 있기 때문이다. 거기에서 착안하여 축구전문 콘텐츠기업인 풋볼리스트와 배낭여행전문여행사 투어야가 합작한 축구배낭여행 프로그램 '풋볼리스트 축덕원정대'가 출시되기도 했다.

풋볼리스트는 2016년 여름 맨체스터 유나이티드의 중국 프리시즌 투어와 연계한 단체여행상품을 첫 출시하며 좋은 반응을 얻었다.

2017년에는 5회에 걸쳐 영국과 스페인으로 떠나는 축구테마 단체 배낭여행을 운영한 바 있다. 유럽 명문구단의 경기를 직관하는 것만으로도 특별한 경험이겠지만 축구박물관, 스타디움 투어 등 축구 관련 프로그램과 현지 관광을 곁들여 재미를 더했다. 또 소속 기자와 축구해설위원의 동행으로 축구여행의 매력을 높이는 한편, 특색도 강화했다.

한국축구도 훌륭한 역사와 경기력 그리고 인프라까지 갖추고 있다. 하지만 구슬이 서 말이라도 꿰어야 보배라고 했듯이 콘텐츠를 구성하고 가다듬는 노력이 필요하다. 그러기 위해서 우리 축구계가 스포츠 투어리즘에 대한 가치와 가능성을 인식하는 것이 우선이다.

일단 AFC 챔피언스리그를 활용할 수 있다. 매년 개최되는 권위 있는 축구대회로 K리그 구단이 꾸준히 활약해왔다. 조별리그만 하더라도 홈 & 어웨이로 펼쳐지기 때문에 최소한 12개 이상의 아시아 구단과 각 서포터스가 한국을 방문한다. 일본의 J리그나 중국의 CSL 구단이 몰고 다니는 원정 서포터스의 큰 규모에 놀란 게 한두 번이 아니다. 그들에게 한국축구는 충분히 매력적인 요소이며 일반 관광 콘텐츠보다 연관성과 선호도 역시 높다고 볼 수 있다.

협회나 연맹 차원에서 운영하는 축구투어 프로그램도 좋고 구단과 지자체가 협력해도 좋다. AFC 챔피언스리그에 참가하는 K리그 구단은 그에 걸 맞는 콘텐츠와 홈 경기장 및 클럽하우스, 부대시설 같은 볼거리를 보유하고 있다. 또한, 전문여행사와 연계하여 홈 팬을 위한 해외 원정 투어 프로그램을 운영한 경험도 있다. 외부 관광객 유치는 지자체에서도 적극적이라 여러 가지 지원을 받기도 용

이한 편이다. 단발적인 투어 프로그램이라도 상품화를 시도해 볼만
하다.

축구를 즐기는 사람이라면 누구나 유럽에서 세계적인 인기 구단
의 경기를 보고 관련 명소를 여행하길 꿈꾼다. 언젠가 한국축구도
선망의 대상이 되어 축구여행을 즐기고자 찾아오는 관광객으로 북
적거릴 날을 그려본다.

09.
이제 축구 애플리케이션은 필수

축구가 일상화되고 있다. 꼭 경기장이 아니어도 언제 어디서든 축구콘텐츠를 접할 수 있기 때문이다. 많은 사람들이 하루 종일 지니고 다니며 이용하는 스마트폰 덕분이다. 때문에 스마트폰은 강력한 마케팅 플랫폼으로 여겨진다. 이 스마트폰에 최적화된 '애플리케이션(application)'은 이용자의 편의를 위해 제작한 여러 가지 응용 소프트웨어로서 보통 앱(App)이라고 부르며 오늘날 큰 부가가치를 창출하고 있다. 당연히 세계적으로 인기 있는 축구 관련 앱도 수없이 많다.

그 중에서도 몇 가지 유형으로 축구 앱을 나눠볼 수 있다. 가령, 사용자가 축구 감독이 되어 선수 구성을 결정하고 경기 전술을 운용할 수 있는 앱이 있다. 게다가 유명 선수의 영입이나 이적도 결정할 수 있으니 가상의 체험이지만 얼마나 짜릿하겠는가. 유료라도 많은 설치수를 자랑하는 인기 앱인 이유가 있다. 유명 축구리그의 경기별 라이브 스코어와 경기 내용 및 분석 정보를 제공하는 유형의 앱도 이용자가 많아서 다수 존재하는 편이다. 실제 경기를 하는 듯한 축구 게임부터 프리킥이나 슈팅을 성공시켜야하는 게임 앱도 있고, 축구단 엠블럼이나 선수 관련 문제를 맞히는 퀴즈 앱도 재밌는 아이디어다.

국내에서 알려진 축구 정보 콘텐츠 앱 제작사로는 YAM 스튜디오가 대표적이다. 오늘의 축구, 오늘의 해외축구, 오늘의 K리그 등 '오늘의 시리즈' 축구 앱으로 좋은 반응을 모았다. 모바일 앱과 소셜/포털 매체를 통해 100만 명 이상에게 콘텐츠를 서비스하는 것으로 알려졌다. 오늘의 시리즈는 앱스토어 스포츠 1위에 오르기도 했는데 주요 축구 리그 및 컵대회 일정, 주요 구단 및 선수 경기 일정, 라이브 스코어를 비롯하여 축구 카툰 및 방송사별 중계진 정보까지 제공한다. 모바일 생중계나 하이라이트, 다시보기 페이지 연결도 유용한 서비스이다.

YAM 스튜디오와 협업 관계에 있는 풋플러(footplr)도 축구 콘텐츠 앱을 전문적으로 개발하고 있다. 풋플러는 동명의 선수용과 팀 매니저용 일정 및 기록 관리, 분석 앱을 출시했다. 선수용 풋플러 앱의 경우 경기 후 팀원끼리 평점을 매길 수 있는 기능을 추가했다. 풋플러 앱처럼 이제 동호회 축구도 체계적인 기록을 남기고 공유할 수 있도록 지원하는 앱이 등장하고 있다. 그동안 풋플러가 내놓은 라인업11, 풋볼사일로, 마이 저지 등도 흥미롭다. 라인업11 앱은 개인 취향에 맞춘 베스트일레븐 팀 라인업을 구성할 수 있게 해준다. 2,000개 이상의 유니폼과 8곳의 경기장 배경을 바꿀 수 있어 '인포그래픽(Infographics)'으로 활용해도 무방한 수준의 이미지를 제공한다. 배경화면 내 A보드에 광고를 접목하여 수익 창출과 현장 느낌의 양면을 살린 감각이 돋보인다. 풋볼사일로 앱은 현재까지 출시가 되었거나 앞으로 출시될 축구화를 총망라한다. 마이저지는 좋아하는 선수와 팀의 유니폼을 자유롭게 만들어서 배경화면이나 프로필사진에 활용할 수 있는 앱이다. '축구를 더 재미있게 할 수 있는 앱을 만든다'는 개발사의 모토가 잘 와 닿는다.

풋살장, 축구장, 농구장 예약·대관 및 풋살경기 매치/매칭 서비스 앱인 아이엠그라운드(쩍컴퍼니)나 축구 및 풋살 매칭 전문 앱인 에이매치 스포츠(스타코어스)처럼 온라인으로 경기나 대회 매치/매칭 후 오프라인 활동이 가능하도록 연결시켜주는 O2O(Online to Offline) 형태의 앱도 축구 열기를 확산시키는데 기여하는 셈이다.

이처럼 축구 팬의 수요를 겨냥한 다채로운 앱이 계속 만들어지고 있다. 하지만 앱 공급 주체는 대부분 전문 개발사이다. 축구 단체나 구단이 주도적으로 만든 공식 앱은 아직 손꼽을 정도이다. 대한축구협회의 경우 2018년까지 공식 앱을 개발할 계획인 것으로 알려져 있다. 한국프로축구연맹은 공식 앱으로 'K League(K리그)'를 내놓았다.

K League(K리그) 앱은 K리그 클래식 및 챌린지, R리그, K리그 주니어 U17·U18까지 연맹이 주관하는 모든 대회의 정보를 제공한다. K리그 클래식 경기의 실시간 골 영상을 보여주고 원스탑 티켓 예매를 가능하게 한 점도 매력적이다. 또한, K리그 프렌즈 앱은 K리그의 공식 게임으로서 연맹과 브라더(BRAUTHER)라는 개발사가 함께 제작했다. K리그의 실제 구단과 선수가 등장하며 남녀노소 할 것 없이 쉽게 즐길 수 있는 일종의 퍼즐 게임으로

친근감을 준다. 그 외 한국프로축구연맹과 게토레이가 지원하는 축구인성교육 프로그램 앱인 'FUTURE GREAT' 등이 있다.

사실 누구보다 축구 팬의 마음을 다각도로 끌어들여야 할 프로축구단 입장에서는 앱 개발에 더 많은 관심이 필요한 실정이다. FC서울과 제주유나이티드, 울산현대, 포항스틸러스의 공식 앱 정도만 접할 수 있기 때문이다. FC서울은 앱을 통해 경기 일정, 뉴스, 선수 소개 같은 기본 서비스에 더하여 시즌티켓 확인, 쇼핑몰 및 푸드파크 주문이 가능하게 만들었다. 쇼핑몰 및 푸드파크 주문 기능은 이용자의 편의성을 높이면서 상품 판매도 촉진시키는 긍정적인 효과가 있다.

제주유나이티드는 'Real Orange 12'라는 앱을 통해 구단 및 이벤트 정보를 제공한다. 구단의 마스코트를 활용하여 마치 게임을 하는 느낌으로 구단 로드맵에서 경기 및 선수 정보를 보여준다. 또 스마트 스탬프 기능으로 경기관람을 인증하고 누적에 따른 경품을 받을 수 있게 했다. 미니게임과 응원도구도 이용자에게 쏠쏠한 재미를 선사한다. 울산현대의 경우 공식 앱에서 경기 및 경기장 정보, 응원가와 응원도구, 기록실, 프렌즈샵, 라디오 채널 서비스를 제공한다. 포항스틸러스와 트로스시스템즈가 함께 한 스마트 스틸야드 앱은 홈 경기장 내 다양한 음식을 편하게 즐길 수 있도록 초점을 맞춘 점이 이색적이다.

한편, 수원삼성의 서포터스인 프렌테 트리콜로의 응원가 가사 및 음원을 수록한 '수원 응원 Ale!' 앱은 초기 구단 응원에 동참한 팬들을 위해 제작되어 눈길을 끈다. 비슷한 앱으로 'FC서울 응원가'

도 있다. 이런 앱을 매개로 하여 팬들끼리 더욱 강한 유대감을 형성하게 하고 경기장에 대한 접근성을 높여주는 것이다.

앱 서비스를 통해서 축구 팬의 편의를 돕고 많은 이용자를 확보한다면 구단 후원사의 홍보, 다른 광고 유치에도 활용할 수 있다. 국내 스마트폰(안드로이드) 사용자 수는 3,712만여 명으로 그 중 1%만 특정 앱을 사용하게 만들어도 엄청난 성과일 것이다. 물론 그만큼 매력적인 앱을 개발하려면 어느 정도 비용은 감수해야겠지만 축구단이 팬들에게 더 다가서기 위한 투자를 주저할 이유가 없다.

10.
축구센터 활용하기

2004년 12월말 국내 3대 권역별 '축구센터(FC; Football Center)' 건립 지역이 확정되었다. 중부권은 천안시, 호남권은 목포시, 영남권은 창원시가 낙점된 것이다. 2002년 한·일 월드컵의 성공적인 개최 및 월드컵 4강 진출이라는 성과를 기념하고 고양시키기 위해 건립된 축구센터는 월드컵 잉여금을 활용한 대규모 사업이다. 각 축구센터는 600억 원대에서 1,000억 원대에 이르는 총 사업비가 투입되었다. 월드컵 잉여금으로 125억 원씩 지원되었고 잔여 사업비는 개별 지자체가 부담하는 방식이었다. 엄청난 예산이 투입된 만큼 각 축구센터는 천연·인조 잔디구장, 하프 돔, 풋살경기장, 숙소, 식당, 물리치료실, 기타 부대시설 등 축구를 위한 모든 시설을 갖추고 있다.

첫 선을 보인 곳은 천안축구센터로 2009년 2월 문을 열었다. 충남 북동부에 위치한 천안시는 경기도와 충청북도를 경계하고 있으며 비교적 수도권에서 가까운 입지 조건을 갖고 있다. 특히, 천안축구센터는 기차역과 버스터미널 모두 인접하여 접근성이 가장 좋다.

축구센터가 들어설 만큼의 도시 규모에 걸맞게 천안시에도 K리그 및 WK리그 구단이 존재했던 때가 있었다. 지금은 내셔널리그의 천안시청축구단이 천안축구센터를 홈구장 및 클럽하우스로 사용 중이다. 이에 천안축구센터의 존재가 지역의 프로구단 창단을 외치는 이들에게 중요한 명분이 되기도 한다.

천안시청축구단의 홈경기가 없는 날에는 일반 단체나 축구동호인들이 경기장을 대관하여 이용하고 있다. 천안축구센터는 주로 인근 프로팀이나 각급 대표팀에서도 즐겨 찾는 훈련장소인데 2012년에는 첫 A팀으로 이라크 국가대표팀이 방문하기도 했다. 또한, 천안축구센터는 지역 축구협회와 손을 잡고 60세 이상의 노인 동호인으로 구성된 실버축구교실을 운영하고 독거노인을 돕기 위해 매달 후원금을 내거나 봉사활동을 전개하며 시민들로부터 호평을 받았다. 센터 산하 유스팀 운영도 함께 이뤄지는데 U-15팀(광풍중)의 경우 2017년 중등리그 왕중왕전에 첫 참가하여 4강까지 오르는 놀라운 성과를 내기도 했다. 그 외에 다양한 축구행사 개최 장소로도 천안축구센터가 활용되고 있다.

축구센터는 지역축구 균형 발전과 경제 활성화의 동력이 된다. 나아가 국내 축구 발전의 토대 마련 및 저변 확대에도 기여한다. 그를 위해 기본적으로 시설이 훌륭해야겠지만 연고 구단의 마케팅적 활용 또한 중요한 부분이다. 대한축구협회가 축구센터 건립 요건에 연고 구단의 운영 또는 창단을 포함시킨 점을 눈여겨볼만하다.

창원축구센터는 2009년 12월 개장한 이래 연고 구단을 활용한 공격적인 마케팅으로 많은 전지훈련 팀을 유치하고 있다. 전훈 시

적정 수준의 연습경기 상대가 원활하게 수급될 수 있는지는 핵심적인 고려사항이 된다. 때문에 3대 권역별 축구센터 중 유일하게 K리그 구단을 홈팀으로 둔 창원축구센터는 창원시청축구단까지 아울러 유리한 조건을 갖췄다. 그래서인지 일본의 단골손님이 많은데 J리그의 가시와 레이솔이 대표적이며 산프레체 히로시마, 제프 유나이티드, 반포레 고후, 기후FC 같은 프로팀과 각급 클럽 팀까지 자주 창원을 찾고 있다. 그 외 중국축구팀과 홍콩의 사우스차이나FC도 다녀갔다. 홈팀 입장에서는 멀리 가지 않아도 다양한 연습 상대를 구할 수 있고 선수 교류 기회까지 생겨 축구센터와 함께 시너지를 내고 있다. 창원축구센터는 동계 훈련기간에 맞춰 유소년 스토브리그 축구대회, 하계에는 한·중·일 유소년 축구대회를 개최하고 있다. 또 창원시청축구단과 지역 인근의 부산교통공사, 부산FC 등이 참가하는 K3·내셔널·대학·고등부 스토브리그도 운영하여 전지훈련 장소로 각광받고 있다.

창원축구센터는 2017년 동계훈련 기간에만 국내 19개 팀, 국외 6개 팀, 총 598명(연인원 7,229명)을 유치한 것으로 밝힌 바 있다. 또 창원축구센터 주경기장은 2017년 한국프로축구연맹으로부터 최고의 잔디 상태를 인정받아 '그린 스타디움(Green Stadium)상'을 수상하기도 했다. 기존 센터의 우수한 시설을 비롯하여 창원스포츠파크 같은 경기 인프라와 훈련 파트너 매칭, 가까운 국제공항 및 좋은 기후 조건 등을 담은 홍보물로 적극적인 마케팅 활동에 나선 결과다. '2018 AFC U-23 챔피언십'에 참가하는 U-23 한국대표팀도 창원축구센터를 다녀갔다. 더하여 프로·실업리그 및 초중고리그,

U리그 경기를 꾸준히 개최함으로써 다채로운 축구 관람 기회를 제공하고 유소년축구단 운영 및 야외 무료영화 상영을 통해 지역민에게 한걸음 더 다가서고 있다.

2009년 8월 개장한 목포국제축구센터 역시 성공적인 운영 사례로 손꼽힌다. 아시아축구연맹, 대한축구협회와 적극 연계하여 각종 대회를 유치했는데 2009년부터 2013년까지 국제대회 8회, 전국대회 38회의 유치 성과를 기록했다. 또 U-20 여자축구대표팀의 국제친선경기와 전국장애인축구선수권대회가 열리기도 했다. 홈팀인 목포시청축구단 및 이웃한 광주FC가 연습경기 상대로 나서준 덕분에 여러 프로축구단의 발길이 이어지고 있다. 그동안 센터에 방문한 중국, 일본, 러시아 등의 프로팀, 스페인, 독일 등의 유소년 팀 중 현지 방송사에서 취재를 나온 경우도 있어 지역 인지도 제고에 긍정적인 영향을 미쳤을 것으로 보인다.

목포국제축구센터는 축구장 7면 외에도 400~450명이 동시 숙식할 수 있는 시설과 하키구장, 다목적체육관을 보유하고 있어 축구 외 단체 유치도 용이하다. 때문에 꾸준히 F1 대회의 캠프를 꾸렸고 육상 및 골프 팀, 중국의 길림성, 상해 여자하키팀을 비롯하여 국내·외 여자하키팀의 전지훈련을 확보하기도 했다.

2017년 목포시를 찾은 방문객은 약 750만 명으로 그 중 목포국제축구센터를 찾은 사람은 76만 5천여 명으로 집계되었다. 센터 고객유치 실적 자료에 의하면 2017년 상반기에만 전지훈련 80팀 (44,410명), 각종대회 14건(19,101명), 교육연수 22건(3,511명), 다목적체육관 62팀(4,140명), 기타행사 1,167건(215,581명)을 유

치하는 성과를 거둔 바 있다. 또 한 해 동안 10억 7,700만원의 흑
자를 기록한 것으로 알려졌다.

인상적인 점은 목포국제축구센터가 대관사업 말고도 새로운 수익
원을 발굴한데 있다. 매년 7월부터 8월까지 하프돔구장에 지하 암
반수를 이용한 물놀이장을 운영하여 가족 단위의 방문객으로부터
호응을 얻고 있다. 또한, 지역 내 중소업체 및 기업을 대상으로 구
장별 A보드 광고 스폰서십을 체결하고 일부 구장의 '명칭권
(naming rights)'을 판매하기도 했다. 명칭권 판매의 경우 아직 국
내 스포츠시설에서는 일반화되지 않아서 타 시설도 적극 벤치마킹
할 필요가 있다. 목포국제축구센터의 노력은 문화체육관광부의
'2012년 전국 최우수 공공체육시설'로 선정되는 결실을 맺기도 했
으며, 다른 공공체육시설의 벤치마킹 대상으로 관심 받고 있다.

축구센터 운영에는 매년 많은 예산이 소요된다. 축구문화 전파라
는 대의도 중요하지만 원활한 경영 지속을 위해서 마케팅은 필수적
이다. 연고 구단이나 단체의 자연발생적인 대관뿐 아니라 외부 팀
을 유치하기 위하여 영업 전담부서를 꾸리거나 에이전시를 활용할
수 있을 것이다. 각 축구센터는 대강당, 세미나실, 다목적 공간, 헬
스장이나 탁구장, 당구장 같은 여가 시설을 완비하여 교육 및 연수
에도 적합하다. 축구 지도자, 감독관, 심판 교육이 주기적으로 열리
고 있는데 나아가 일반 기업이나 단체, 학교 등 유치 대상을 더욱
확대해야 할 것이다. 또 지역 관광과 축구센터를 연계한 매력적인
프로그램을 제시함으로써 방문 팀의 만족도를 높이고 지역경제 활
성화에도 도움을 주길 기대해본다.

11.
박지성 은퇴와 레전드 마케팅

한국의 자랑스러운 축구스타 박지성은 현역 마지막 모습까지 특별했다. 지난 2014년 5월 PSV 아인트호벤 소속 선수로 수원삼성과 친선 1차전을 치르고 경남FC를 상대로 한 2차전에도 나섰다. 경남 전 직후 박지성의 은퇴를 기념하는 행사가 열렸다. 박지성을 필두로 경기에 참여했던 양 팀 선수들이 함께 그라운드를 도는 순서가 이어졌다. 그의 응원가인 '위송빠레('Jisung Park'의 네덜란드식 발음)'가 경기장에 울려 퍼졌고 관중들은 기립박수를 보냈다. 그 과정에서 아인트호벤 선수들이 자발적으로 박지성을 목말에 태웠다. 가슴 벅찬 순간이었다. 멀리서 한국 땅을 밟은 동료들도 박지성에게 진심으로 존경을 표했고 또 자랑스러워했기 때문이다.

박지성은 2002년 월드컵에서 활약한 이후 유럽으로 건너가 12년간 많은 업적을 남겼다. 아인트호벤(네덜란드)과 퀸즈 파크 레인저스(잉글랜드)에서 뛰었고 특히 세계적인 명문 구단인 맨체스터 유나이티드에서 전성기를 보내며 여러 차례 우승을 경험하기도 했다. 국가대표의 일원으로서는 A매치 100경기에 출전하여 'FIFA 센추리

클럽(FIFA Century Club)'에 이름을 올렸고 3회 연속 FIFA 월드 컵 득점이라는 대기록을 세웠다. 박지성에게 '레전드(legend)'라는 칭호를 붙이는데 이견을 나타낼 사람은 없을 것이다.

박지성의 은퇴가 명예로웠던 만큼 그와 함께 명성을 날린 레전드 선수의 뒷모습을 떠올리게 만들었다. '월드컵 4강 신화'의 주역이었던 홍명보, 안정환, 이영표, 송종국 등도 해외에서 선수 생활 끝에 현역 은퇴를 맞이했다. 홍명보와 이영표는 국내에서 은퇴 기념 세리머니가 있긴 했으나 미국 MLS의 소속 팀에서 각각 고별 경기를 가졌다. 중국에서 마지막 시즌을 보냈던 안정환과 송종국은 소속 팀과 결별 후 은퇴를 선언했기에 별다른 이벤트가 없었다. 게다가 두 선수는 피치 못할 사정으로 국내에서 은퇴기념 세리머니까지 불발되었고 축구팬들은 큰 아쉬움과 함께 레전드를 떠나보내야 했다.

축구계에서 레전드란 전설적인 선수를 뜻하며, 통념상 국가대표팀이나 소속 구단에서 많은 공헌을 한 선수를 의미한다. 거기에 뛰어난 실력과 상징성은 물론이고 많은 사람들의 존경이 더해진 칭호로 이해된다. 레전드에 대한 기준이 조금씩 다르긴 하지만 클럽 기준으로 10년 이상 한 팀에서 뛰며 업적을 남겼거나 아예 '원클럽맨(one-club man)'을 꼽기도 한다. '로마의 왕자' 프란체스코 토티는 1993년 AS 로마에 입단한 후 2017년 은퇴할 때까지 줄곧 한 팀에서만 뛴 대표적인 원클럽맨이자 이탈리아축구의 레전드이다. 레전드의 가치는 높고 흔치 않다. 마케팅 측면에서만 봐도 그렇다.

2012년 한국프로축구연맹은 '반지의 제왕' 안정환을 명예 홍보팀장으로 영입하여 다양한 프로모션에 내세웠고 K리그 평균관중 증대

효과를 이끌어냈다. 이영표의 은퇴기념 머플러가 품귀 현상을 빚거나 박지성의 현역 마지막 모습을 보기위해 모인 팬들로 경기장이 가득 차기도 했다. 레전드 마케팅은 해당 선수의 가치를 극대화하고 지속시켜준다. 덩달아 레전드가 활약했던 소속팀도 반사 이익을 얻을 수 있다. 최근 들어 K리그 구단들이 레전드 마케팅을 적극 활용하는 까닭이다.

2013년 포항스틸러스와 수원삼성은 각기 다른 레전드 매치로 많은 관심을 모았다. 포항은 K리그 홈경기에 맞춰 '레전드 데이'로 명명하고 구단의 역사를 장식했던 옛 선수들을 불러 모았다. 포항은 여러 레전드와 함께 라데를 초청하는 성의를 보였는데 그의 깜짝 방문은 홈팬들에게 색다른 감동을 선사했다. 수원은 K리그 30주년을 기념하여 '수원 레전드' 박건하가 포함된 K리그 레전드팀과 연예인 축구단의 친선경기를 개최하며 호응을 얻었다.

경남FC도 2013년부터 이듬해까지 2년 연속 레전드 매치를 개최하기도 했다. 지역 출신의 은퇴 선수들로 구성된 올스타팀을 통해 올드팬의 향수를 자극했는데 '할배 매치'로 명명하며 재치 있는 마케팅을 더했다. 경남FC는 그보다 앞서 '살아있는 전설' 김병지 골키퍼가 소속되어 있던 2012년에 600경기 출장, 200경기 무실점 등 주요 기록을 기념하는 레전드 마케팅으로 큰 홍보 효과를 누렸다. 사실 그는 경남에서 4년간 머물렀을 뿐이지만 지역연고 출신 선수인 점에서 상징성이 컸다.

레전드를 기리고 소중하게 여기는 분위기가 형성되는 것은 바람직하다. 물론 마케팅만을 위해 남발하거나 섣불리 포장하는 일은 지양해야 한다. 레전드의 진정한 의미를 생각해보고 실질적인 대우도 개선할 필요가 있다. 약 15년간 464경기를 뛰며 단일팀 최다출장 기록을 보유한 최은성 골키퍼는 K리그에서 보기 드문 '원클럽맨'이었다. 그러나 은퇴를 앞두고 어쩔 수 없는 이유로 팀을 옮길수밖에 없었다. 안타깝지만 이런 일이 종종 발생하곤 했다. 부디 과거에서 교훈을 찾았으면 하는 바람이다.

나아가 레전드의 존재를 기념하고 기억할 수 있는 방법이 더욱 다양해지면 어떨까. 조금은 상업적으로 느껴질 수 있지만 국내에서도 '메모리얼 머천다이징(memorial merchandising)'이 활성화되면 좋겠다. 레전드 선수가 입었던 유니폼을 100조각으로 잘라서 사인이 들어간 사진과 함께 액자로 구성하여 한정 판매하는 식이다. 앞서 이영표의 은퇴 기념 머플러를 출시한 사례가 있지만 그러한 상품의 다양성이 부족한 실정이다. 지난 아인트호벤의 방한만 하더라도 박지성의 메모리얼 머천다이징으로 머플러, 머그, 쿠션, 페넌트, 열쇠고리 등을 특별 출시했고 팬들의 구매욕을 자극한 바 있다.

관련하여 2016년 6월 대전월드컵경기장에서 펼쳐진 김은중의 은퇴 행사는 좋은 사례로 여겨진다. 1997년 대전시티즌의 창단멤버로 7년간 활약한 김은중은 2001년 FA컵 우승의 주역이기도 하다. 그는 2014년 대전에 복귀하여 팀의 리그 첫 우승과 K리그 클래식 승격에 기여했고 시즌 종료 후 현역 은퇴를 선언하며 '대전의 레전드'로 남게 됐다. 곧 벨기에로 건너간 김은중은 한국 기업이 국내 최초로 인수한 해외 프로구단인 AFC 투비즈의 코치로 합류했다. 그리고 친정팀인 대전시티즌의 배려로 AFC 투비즈의 방한 및 은퇴

경기가 성사되었고 은퇴식도 함께 치른 것이다. 경기 전에 열린 은퇴식에서는 김은중에게 은퇴 기념품이 전달되었고 동료선수들의 축하영상이 공개되었다. 하프타임 때는 김은중의 등번호 영구 결번 제막식이 열렸다.

또한, 김은중의 선수 시절 기록을 담은 스페셜 에디션 티셔츠와 1998년 대전 유니폼의 디자인을 재해석한 은퇴 기념 레트로(retro·복고) 유니폼 등의 메모리얼 머천다이징을 제작하여 그를 추억하는 올드 팬에게 특별한 선물이 되었다. 레트로 유니폼의 경우 구단의 창단 원년이자 김은중이 입단했던 시즌을 상징하고자 1,997장만 한정 판매했다. 김은중 선수 사진액자, 친필사인 한 레트로 유니폼, 스냅백, 은퇴경기 초대권, 그라운드 셀러브레이션 기회, 한정판 인증서 등으로 구성된 '김은중 은퇴 기념 패키지' 역시 97개 한정판으로 선주문 방식의 프리오더(pre-order)가 이뤄졌다.

스페셜 머천다이징 외에도 기념경기나 응원가, 영구결번, DVD 등 관련 상품과 콘텐츠는 무궁무진하다. 레전드를 통한 마케팅은 축구팬들에게 더할 나위 없이 좋은 선물이자 추억으로 간직된다. 또한, 그것이 차곡차곡 쌓일수록 이야기는 풍성해지고 우리 축구계를 더욱 빛나게 해줄 것임은 자명하기에 레전드의 의미를 되새겨보게 된다.

저자소개

저자 윤거일은 스포츠콘텐츠 에이전시인 스포츠에픽의 대표이자 스포츠라이터다. 주요 저서로는 〈축구에 관한 모든 것〉 시리즈의 〈에이전트〉, 〈심판〉, 〈FIFA〉 편과 〈스포츠경영관리사 퍼펙트〉, 〈나는 취업 대신 꿈을 창업했다〉 등이 있다. 연고 구단인 경남FC와 창원FC로 인해 축구의 매력에 빠져들었으며, 국내 축구리그에 더욱 관심이 많다. 스포츠 그리고 축구를 비즈니스 관점에서 심도 있게 연구하고자 부산대학교에서 스포츠경영 전공으로 체육학 박사과정을 밟고 있다.

홈페이지. www.sportepic.net
전자메일. ceo@sportepic.net